新能源汽车动力蓄电池及管理技术

组　编　北京百通科信机械设备有限公司
主　编　陈　静　吴书龙　牛　伟
副主编　刘奉坤　陈娜娜　豆建芳
参　编　王玉春　洪明虎　王　臻
　　　　陶洲辉　季　恺　张　倩
主　审　毕丽丽

机械工业出版社

本书是新能源汽车技术专业"岗课赛证"融通教材，按照汽车技术赛项和新能源汽车装调与测试职业技能等级证书、新能源汽车检测与维修赛项要求编写的。本书主要围绕动力蓄电池基础知识、动力蓄电池装调技术、动力蓄电池检修技术进行解析，内容包括动力蓄电池的认知、动力蓄电池的装调与测试、动力蓄电池的性能试验与故障检修3个学习项目，共7个学习情境。每个项目都按照学习目标、任务描述、获取信息、学习任务、任务实施、工作任务、课证融通考评进行教学闭环设计。

本书为校企合作开发教材，将素质教育与专业课程内容相结合，以文化教育为主线，按照工作手册式教材形式打造，借助"互联网+"及信息技术，使教材内容呈现立体化、可视化、数字化，能够满足"人人皆学、处处能学、时时可学"的学习需要，为学习者提供"能学、助教、助训、助考"的课程资源。

本书图文并茂，内容可操作性强，可用作新能源汽车技术专业及相关专业的教学用书，也可作为新能源汽车装调与测试职业技能等级证书考证用书。

为方便教学，本书配有电子课件、实操视频、学习任务单及答案等资源。凡选用本书作为授课教材的教师均可登录 www.cmpedu.com，以教师身份注册后免费下载，或来电咨询，咨询电话：010-88379201。

图书在版编目（CIP）数据

新能源汽车动力蓄电池及管理技术/北京百通科信机械设备有限公司组编；陈静，吴书龙，牛伟主编. —北京：机械工业出版社，2022.9（2024.8重印）

ISBN 978-7-111-71469-9

Ⅰ.①新… Ⅱ.①北…②陈…③吴…④牛… Ⅲ.①新能源–汽车–蓄电池–高等职业教育–教材 Ⅳ.①U469.703

中国版本图书馆CIP数据核字（2022）第154972号

机械工业出版社（北京市百万庄大街22号 邮政编码100037）
策划编辑：师 哲 责任编辑：师 哲 张双国
责任校对：郑 婕 王明欣 封面设计：张 静
责任印制：张 博
北京建宏印刷有限公司印刷
2024年8月第1版第4次印刷
210mm×285mm·12.5印张·290千字
标准书号：ISBN 978-7-111-71469-9
定价：54.00元

电话服务 网络服务
客服电话：010-88361066 机 工 官 网：www.cmpbook.com
　　　　　010-88379833 机 工 官 博：weibo.com/cmp1952
　　　　　010-68326294 金 书 网：www.golden-book.com
封底无防伪标均为盗版 机工教育服务网：www.cmpedu.com

前 言 PREFACE

为满足新能源汽车制造、售后服务领域高质量发展对高素质技能人才的需求，推动职业教育专业升级和数字化改造，提高人才培养质量，增强高等职业教育的适应性，编者按照新时代职业教育教材建设的总体要求，参照汽车相关专业国家教学标准以及新能源汽车装调与测试职业技能等级证书和技能大赛要求等，编写了新能源汽车技术专业"岗课赛证"融通系列教材，供全国职业院校新能源汽车技术专业教学使用。

本系列教材将企业岗位工作任务化，工作任务课程化，注重以工作岗位为导向，以培养能力为本位，教材内容符合新能源汽车技术专业教学改革要求，适应新能源汽车行业对技能型紧缺人才的需求。

本书具有以下特点：

第一，以"岗课赛证"融通为目标，对课程的知识点、技能点、项目资源进行重构设计，将项目评价、职业技能等级证书评价、大赛评价融入课程教学考核评价体系，注重实用性，体现先进性，保证科学性，凸显职业性，贯穿可操作性，反映了新能源汽车工业的新知识、新技术、新工艺和新标准。

第二，将文化教育与素质教育相融合，文字简洁、通俗易懂、图文并茂、形象直观，在培养学生专业能力的同时，关注学生身心健康的发展，坚持意识形态的指导地位，坚定学生的理想信念，加强职业道德与爱国主义的教育，激发学生的家国情怀和使命担当。

第三，以新能源吉利EV450纯电动汽车和动力蓄电池总成装调工作平台为主要实训设备，围绕动力蓄电池基础知识、高压安全、动力蓄电池装调技术、动力蓄电池检修技术进行理实一体化学习。

本书由泰州职业技术学院陈静、无锡商业职业技术学院吴书龙、日照市科技中等专业学校牛伟担任主编，由山东省济宁市技师学院刘奉坤、天津机电职业技术学院陈娜娜、甘肃工业职业技术学院豆建芳担任副主编。参加本书编写的人员还有王玉春、洪明虎、王臻、陶洲辉、季恺、张倩。全书由陈静统稿，北京市商业学校毕丽丽担任主审。

本书在编写过程中，参考了大量国内外相关著作和文献资料，对其作者致以谢意。另外，在本书的编写过程中，北京百通科信机械设备有限公司提供了大量的专业技术资料，在此一并表示感谢。

由于编者水平有限，书中不妥之处在所难免，敬请广大读者批评指正。

编　者

二维码索引

名　　称	图　形	页码	名　　称	图　形	页码
1-1-1　蓄电池内阻测试仪检查		10	2-2-2　蓄电池组的组装		90
1-1-1　上位机软件的使用		12	2-2-2　蓄电池组绝缘性的测试		92
1-2-1　动力蓄电池的不同连接与测量（串联）		22	2-2-3　快充低压线束的检测		97
1-2-1　动力蓄电池的不同连接与测量（并联）		22	2-2-3　快充和慢充高压线束的检测		97
1-2-1　动力蓄电池的不同连接与测量（混联）		22	2-2-3　预充电阻的检测与安装		99
2-1-1　镍氢蓄电池的整车装调		34	2-2-3　温度传感器的检测		99
2-1-2　磷酸铁锂离子蓄电池的整车装调		45	2-2-3　接触器线圈的检测		100
2-1-3　三元锂离子蓄电池的整车装调		59	2-2-3　接触器的主动测试		100
2-2-1　单体蓄电池的一致性诊断		83	2-2-3　交流充电机的安装		101
2-2-1　使用内阻仪测试单体蓄电池电压		84	2-2-3　蓄电池管理器的安装		101
2-2-2　蓄电池组电压的测试		89	2-2-3　动力蓄电池总成交流充电测试		104

（续）

名称	图形	页码	名称	图形	页码
2-2-3 动力蓄电池总成的直流充电测试		104	3-1-1 单体蓄电池的极性试验		134
2-2-3 动力蓄电池总成放电的测试		104	3-1-2 恒流充电试验		149
2-3-1 EV450 整车蓄电池管理系统电源电路测量		122	3-2-1 EV450 整车 CAN 总线波形测试 终端电阻验证		174
2-3-1 EV450 整车蓄电池管理系统通信电路测量		123	3-2-2 EV450 动力蓄电池故障诊断与排除		184

目 录 CONTENTS

前言
二维码索引

项目一 动力蓄电池的认知

学习情境一 动力蓄电池的性能指标 ··· 2

任务 动力蓄电池主要性能指标的认知 ··· 2

学习情境二 动力蓄电池的类型 ··· 17

任务 动力蓄电池的分类 ··· 17

项目二 动力蓄电池的装调与测试

学习情境一 动力蓄电池整车装调与测试 ··· 30

任务一 镍氢蓄电池的整车装调与测试 ··· 30
任务二 磷酸铁锂离子蓄电池的整车装调与测试 ··· 40
任务三 三元锂离子蓄电池的整车装调与测试 ·· 53
任务四 氢燃料电池的整车装调与测试 ··· 66

学习情境二 动力蓄电池总成装调与测试 ··· 78

任务一 单体蓄电池的分拣、分容与修复 ··· 78

任务二　动力蓄电池组的装调与测试·· 87

　　任务三　动力蓄电池总成的装调与测试·· 94

学习情境三　蓄电池管理系统及电路测量···107

　　任务　蓄电池管理系统及电路测量的认知··107

项目三　动力蓄电池的性能试验与故障检修

学习情境一　动力蓄电池的性能试验···128

　　任务一　动力蓄电池单体的测试··128

　　任务二　动力蓄电池组的测试··142

学习情境二　动力蓄电池的故障检修···160

　　任务一　动力蓄电池的数据采集与分析··160

　　任务二　动力蓄电池的故障诊断与排除··176

参考文献···191

项目一
动力蓄电池的认知

动力蓄电池是纯电动汽车的动力源,是存储电能的装置,是纯电动汽车不可缺少的组成部分,也是目前制约电动汽车发展的关键因素。

动力蓄电池的认知项目包括两个学习情境:动力蓄电池的性能指标和动力蓄电池的类型。

项目一 动力蓄电池的认知	学习情境一 动力蓄电池的性能指标	任务 动力蓄电池主要性能指标的认知
	学习情境二 动力蓄电池的类型	任务 动力蓄电池的分类

学习情境一

动力蓄电池的性能指标

通过理论知识学习，了解动力蓄电池的相关术语，熟悉单体蓄电池和蓄电池模块的工作要求和标准，掌握常见性能测试仪的使用。

通过规范操作练习，牢记正确的操作事项，养成良好的工作习惯和工作态度并有效地将其融入技能等级证书的考核和技能大赛中。

任务　动力蓄电池主要性能指标的认知

【学习目标】

知识目标：

1. 掌握动力蓄电池的定义。
2. 掌握动力蓄电池主要性能指标及相关术语。
3. 掌握单体蓄电池与动力蓄电池组的工作要求。

技能目标：

1. 具有使用绝缘测试仪的能力。
2. 具有使用接地电阻测试仪的能力。

3. 具有正确、规范地连接、使用上位机软件的能力。
4. 具有正确、规范地使用内阻测试仪的能力。

素养目标：
1. 严格执行电动汽车动力蓄电池操作规范，养成严谨科学的工作态度。
2. 尊重他人劳动，不窃取他人成果。
3. 养成总结训练过程和结果的习惯，为下次训练积累经验。
4. 培养团结协作精神，养成规范作业的良好工作习惯。
5. 严格执行 7S 现场管理。

【任务描述】

小张在一家新能源汽车 4S 店工作，今天接到了一辆事故车，由于车辆的单体蓄电池和动力蓄电池组都出现了问题，需要进行维修、更换。对于这类问题，需要维修人员对蓄电池的基础知识、工作要求及相关仪器设备的使用有全面的认识。

【获取信息】

一、动力蓄电池的定义

动力蓄电池、驱动电机和电控系统俗称电动汽车的"三大电"，即三大关键组成部分。其中，动力蓄电池是纯电动汽车的"心脏"。因为蓄电池厂家生产的同一类型的蓄电池不仅用于电动汽车，还用于电动自行车、备用电源、储能电站等，所以为了区别，常将用于电动汽车的蓄电池称为动力蓄电池。在 GB/T 19596—2017 中，动力蓄电池的定义为：为电动汽车动力系统提供能量的蓄电池。

二、术语与定义

1. 端子

端子是用于外电路连接蓄电池正、负极的导电部件。

2. 内阻

蓄电池的内阻指蓄电池中电解质、正极群、负极群、隔膜等电阻的总和，单位为 mΩ。内阻大小主要受蓄电池的材料、制造工艺、蓄电池结构等因素的影响。

蓄电池内阻包括欧姆内阻和极化内阻。欧姆内阻由电极材料、电解液、隔膜电阻及各部分零件的接触电阻组成，极化内阻包括电化学极化与浓差极化引起的电阻。

由于内阻的存在，当蓄电池放电时，电流经过内阻要产生热量，消耗能量，电流越大，消耗能量越多，所以内阻越小，蓄电池的性能越好，不仅蓄电池的实际工作电压高，消耗在内阻上的能量也少。

3. 开路电压

开路电压（OCV）指蓄电池在开路条件下的端电压，单位为 V。开路电压与蓄电池的剩余能量有一定的联系，电量显示就是利用这个原理工作的。例如锂离子蓄电池，下述左侧百分比是蓄电池的剩余容量，右侧是对应的蓄电池的开路电压：100%→4.20V，90%→4.06V，80%→3.98V，70%→3.92V，60%→3.87V，50%→3.82V，40%→3.79V，30%→3.77V，20%→3.74V，10%→3.68V，5%→3.45V，0%→3.00V。

4. 标称电压
标称电压指由厂家指定的用以标识蓄电池的适宜的电压近似值。

5. 负载电压
蓄电池接上负载后处于放电状态下的端电压称为负载电压。

6. 充电截止（终止）电压
蓄电池正常充电时允许达到的最高电压。

7. 放电截止（终止）电压
蓄电池正常放电时允许达到的最低电压。

8. 额定容量
额定容量指在规定条件下测得的、由制造商标明的蓄电池容量值。容量是蓄电池电性能的重要指标，它由电极的活性物质决定。额定容量的单位为 A·h 或 mA·h（1A·h=1000mA·h）。

蓄电池模块的额定容量由厂家根据实际情况确定，一般都低于单体蓄电池的额定容量值之和，这是因为需要留有较大的保险系数（即木桶效应，以保护单体蓄电池的一致性）。

9. 可用容量
可用容量指在规定条件下，从完全充电的蓄电池中释放的容量值。蓄电池的可用容量主要取决于活性物质的数量、质量和利用率。

10. 额定能量
额定能量指室温下完全充电的蓄电池以 1h 率电流放电，达到放电终止电压时放出的能量，用 W·h 来表示。额定能量是衡量动力蓄电池带动设备做功的重要指标，蓄电池额定容量不能决定做功的多少。

11. 放电深度
放电深度是表示蓄电池放电状态的参数（DOD），等于实际放电容量与可用容量的百分比（%）。例如，80%DOD 指放电时放出额定容量的 80% 停止。

12. 过放电
过放电指电芯或蓄电池完全放电后继续进行放电。

13. 荷电状态
荷电状态（SOC）也称为剩余电量，表示当前蓄电池中按照规定放电条件可以释放的容量占可用容量的百分比。其取值范围为 0~1。当 SOC=0 时，表示蓄电池放电完全；当 SOC=1 时，表示蓄电池完全充满。

14. 能量密度
能量密度又称为比能量，指从蓄电池的单位质量或单位体积所获取的能量，即质量比能量或体积比能量，通常用质量能量密度（W·h/kg）或体积能量密度（W·h/L）来表示。能量密度的高低是由材料密度与结构决定的。

项目一　动力蓄电池的认知

15. 功率密度

功率密度又称比功率或质量比功率，是从蓄电池的单位质量或单位体积所获取的输出功率，单位为 W/kg 或 W/L。比功率是评价蓄电池是否满足电动汽车加速和爬坡能力的重要指标。

16. 使用寿命

使用寿命是描述动力蓄电池可使用时间的通用术语，可以表示为工作循环数或时间。

17. 循环寿命

循环寿命是在指定的充、放电终止条件下，以待定的充放电制度进行充、放电，蓄电池在不能满足寿命终止标准前所能进行的循环数。蓄电池经历一次充放电过程称为一个周期或一次循环。不正确地使用蓄电池、蓄电池材料、电解质的组成和浓度、充放电倍率、放电深度（DOD）、温度、制作工艺等都对蓄电池的循环寿命有影响。

18. 记忆效应

蓄电池的记忆效应指蓄电池经过长期浅充浅放电循环后，进行深放电时，表现出明显的容量损失和放电电压下降，经数次全充/放电循环后，蓄电池特性即可恢复的现象。为了消除蓄电池的记忆效应，在充电之前，必须先完全放电然后再充电。

想一想：

所有蓄电池都具有记忆效应吗？哪些有，哪些没有？

_____

_____

19. 动力蓄电池组的一致性

由多个单体蓄电池串联、并联在一起就组成了动力蓄电池组。动力蓄电池组的整体性能和使用寿命取决于其中性能较差的一个单体蓄电池，这就要求动力蓄电池组中每个单体蓄电池性能的一致性要高。影响动力蓄电池组一致性的因素除了单体蓄电池本身性能的误差和原材料质量的好坏，最主要的是制造工艺，工艺的改进对提高动力蓄电池的质量非常重要。

三、单体蓄电池和动力蓄电池组

在纯电动汽车中，动力蓄电池作为汽车唯一的动力来源，通常包括动力蓄电池组、蓄电池管理模块、动力蓄电池箱以及相应附件，是具有从外部获得电能并可对外输出电能的单元。

1. 单体蓄电池

单体蓄电池是直接将化学能转化为电能的基本单元装置，包括电极、隔膜、电解质、外壳和端子，被设计为可充电。

2. 动力蓄电池组

动力蓄电池组是将一个以上单体蓄电池按照串联、并联或串并联方式组合，且只有一对正、负极输出端子，并作为电源使用的组合体。

3. 单体蓄电池和动力蓄电池组的电性能要求

《电动汽车用动力蓄电池电性能要求及试验方法》（GB/T 31486—2015）对单体蓄电池和动力蓄电池组都提出了相应的电性能要求。

（1）**单体蓄电池**　单体蓄电池在良好的光线条件下，用目视法检查时，外观不得有变形及裂纹，表面应无毛刺、干燥无外伤，无污物，且有清晰、正确的标志。用电压表检测单体蓄电池极性,端子极性标识应正确、清晰。用量具和仪器测量单体蓄电池的外观尺寸和质量,应符合企业提供的产品技术条件。

(2)动力蓄电池组 动力蓄电池组总电压不低于单体蓄电池电压的5倍,额定容量不低于20A·h,或者与整车用动力蓄电池系统额定容量一致。

在良好的光线条件下,用目测法检查动力蓄电池组的外观,外观不得有变形及裂纹,表面干燥、无外伤,且排列整齐、连接紧密。用电压表检测动力蓄电池组的极性,端子极性标识应正确、清晰。用量具和仪器测量动力蓄电池组的外形尺寸及质量,外形尺寸及质量应符合企业提供的产品技术条件。

头脑风暴:
动力蓄电池组的一致性如何判断?主要参考哪些指标?

素养课堂:
在全球动力蓄电池产业目前面临技术制约和成本制约的情况下,只有动力蓄电池性能得到改善、成本大幅降低、规模化应用之后,才能带动其他较为成熟的环节大力发展。因此动力蓄电池是纯电动汽车产业链中最具投资价值的环节,最有可能获得超额收益。我们应该自强不息,从小打好基础,学好一技之长,将来为国家的新能源汽车产业、行业贡献自己的力量。

四、常见测试仪

1. 绝缘测试仪

新能源汽车在运行中受到电、热、机械、不良环境等各种因素的作用,其绝缘性能会逐渐劣化,容易引起供电中断造成故障。因此,维修人员必须通过仪器设备来测试电气零件、电路和器件的绝缘性,以验证电气设备的质量、确保设备性能。新能源汽车绝缘检测中广泛使用的绝缘检测仪器为绝缘电阻表,可完成新能源汽车的高压绝缘测量、充电桩(插座)的搭铁电阻测量等维护与修理作业。

(1)分类 绝缘电阻表是电工常用的一种测量仪表,主要用来检查电气设备、家用电器或电气电路对地及相间的绝缘电阻,以保证这些设备、电器和电路工作在正常状态,避免发生触电伤亡及设备损坏等事故。

绝缘电阻表目前有机械式和电子式两种,如图1-1所示。机械绝缘电阻表一般使用较多的为手摇式绝缘电阻表,简称摇表,由一个手摇发电机、表盘和3个接线柱(即L:线路端、E:接地端、G:屏蔽端)组成,广泛用于煤矿安装和检修,适用于检查电机、电器及电路的绝缘情况和测量高值电阻。

电子绝缘电阻表是用于测量各种绝缘材料的电阻值及变压器、电机、电缆及电器设备等的绝缘电阻的仪器,整机电路设计采用微机技术设计为核心,以大规模集成电路和数字电路相组合,配有强大的测量和数据处理软件,能完成绝缘电阻、电压、低电阻等参

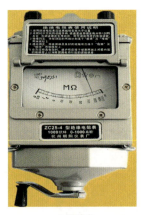
a)机械式

b)电子式

图1-1 绝缘电阻表

数测量，性能稳定、操作简便。该表既具有普通万用表的功能，同时具有测量绝缘性的功能，测量绝缘性时通常设置有 100V、250V、500V、1000V 等档位。新能源汽车检测与维修大赛中采用电子绝缘电阻表，因此下面只对电子绝缘电阻表做重点介绍。

（2）电子绝缘电阻表　电子绝缘电阻表由中大规模集成电路组成，输出功率大、短路电流值高、输出电压等级多。下面以优利德 UT511 电子绝缘电阻表为例进行介绍。其操作面板上有液晶显示屏、选择开关、电源开关按钮、绝缘电阻测量按钮、比较功能按钮等，如图 1-2 所示。

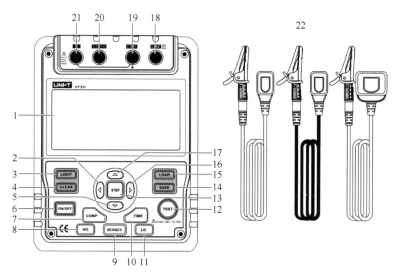

图 1-2　电子绝缘电阻表

1—液晶显示屏　2—选择按钮　3—背光按钮　4—数据清除按钮　5、16、17—选择按钮　6—电源开关按钮
7—比较功能按钮　8—绝缘电阻测量按钮　9—电压测量按钮　10—定时器按钮　11—低电阻测量按钮
12—TEST 测试键　13—步进选择按钮　14—数据存储按钮　15—读存储数据按钮　18—LINE：电阻
输出插孔（双头红线）　19—COM：电压输入插孔　20—ERATH：电阻输入插孔（单头黑线）
21—V：电压输入插孔　22—专用测试夹和专用双插头测试夹

具体按键功能如下：

1) ON/OFF：按 ON/OFF 1s 开机，再按一次关机。

2) LIGHT：打开或关闭背光源。

3) CLEAR：擦除存储数据。

4) SAVE：存储当前液晶数据。当存储数据个数显示为 18 时，液晶会显示 FULL 符号，表示存储器满，须按 CLEAR 键擦除存储器内的数据才可以存储下一组数据。

5) LOAD：（无高压输出时此功能有效）。按 1 次，读第一组存储数据，再按退出 LOAD 操作。

6) ▲：当绝缘电阻测量无测试电压输出时，▲为测试电压上档选择键。当 LOAD 操作时，▲为上调下一组数据选择键。

7) ▼：当绝缘电阻测量无测试电压输出时，▼为测试电压下档选择键。当 LOAD 操作时，▼为下调下一组数据选择键。

8) ◀：

① 当定时测量绝缘电阻或测量极化指数时，用来递减设置时间。

② 当比较功能测量绝缘电阻时，用来递减设置电阻比较值。

③ 当极化指数测量结束时，循环显示极化指数、TIME2 绝缘电阻值和 TIME1 绝缘电阻值。

9）▶：

① 当定时测量绝缘电阻或测量极化指数时，用来递增设置时间。

② 当比较功能测量绝缘电阻时，用来递增设置电阻比较值。

③ 当极化指数测量结束时，循环显示极化指数、TIME2 绝缘电阻值和 TIME1 绝缘电阻值。

10）STEP：步进选择按键，每按 1 次，液晶循环显示 S1 → S2 → S3。

① 当定时测量绝缘电阻或测量极化指数时，S1 表示步进值为 1，S2 表示步进值为 10，S3 表示步进值为 30。

② 当比较功能测量绝缘电阻时，S1 表示步进值为 1，S2 表示步进值为 10，S3 表示步进值为 100。

③ COMP：绝缘电阻测量比较功能测量，开机时，比较值预设为 100MΩ。

11）TIME：每按 1 次，循环设置绝缘电阻测量模式。连续测量→定时器测量→极化指数测量。

12）TEST：用作开启和关闭绝缘电阻测试电压。

13）Ho：绝缘电阻测量功能。

14）Lo：电压测量功能。

15）DCV/ACV：直流 / 交流电压测量功能。

2. 接地电阻测试仪

接地电阻测试仪又称为接地电阻表，主要用于测量电气设备接地装置以及避雷装置的接地电阻，是一种专用的仪表。

（1）分类　接地电阻测试仪用来测量保护接地、工作接地、防过电压接地、防静电接地及防雷接地等接地装置的接地电阻，即接地装置流过工频电流时所呈现的电阻，包括接地线电阻、接地体电阻、接地体与大地之间的接触电阻和大地流散电阻。接地电阻测试仪有指针式、数字式和钳式 3 种，如图 1-3 所示。接地电阻测试仪一般需要借助两个辅助电极：一个用于注入电流，称为电流电极 C；另一个用于取样电压，称为电压电极 P。

（2）数字式接地电阻测试仪　数字式接地电阻测试仪采用智能微控制器芯片控制，利用先进的中大规模集成电路，应用 DC/AC 变换技术将三端钮、四端钮测量方式合并为一种机型的新型高精度和高可靠性接地电阻测试仪，可用于各种装置接地电阻值的测量，同时，可测量土壤电阻率及地电压。下面以优利德 UT521 接地电阻测试仪为例进行介绍，操作面板上有 LED 显示屏、功能选择开关、测试端口、TEST 键、LIGHT/LOAD 键、HOLD/SAVE 键等，如图 1-4 所示。

1）在开机状态下，若按键和功能选择开关无动作，约 10min 后本仪器会自动关机，以节省电能（接地电阻档测试状态除外）。

2）开启背光灯：当在某些光线较暗的环境下进行测试时，需开启背光灯。此时轻按"LIGHT/LOAD"键，背光功能被打开且 LED 显示相应的灯符号；再轻按一下"LIGHT/

LOAD"键,将取消背光功能。

a) 指针式

b) 数字式

c) 钳式

图 1-3　接地电阻测试仪

想一想：

常用的接地电阻测试仪有哪几种?

_____

_____

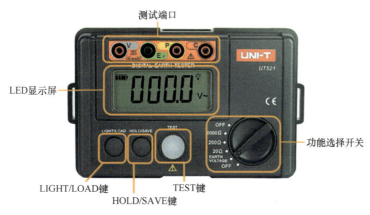

图 1-4　优利德数字式接地电阻测试仪

3）数据保持功能：测试时轻按"HOLD/SAVE"键,数据保持功能被打开,相应的测值被保持住且 LED 显示相应的保持符号；再轻按"HOLD/SAVE"键,将取消保持功能。

4）存储功能。

① 存储数据：长按"HOLD/SAVE"键约 2s,存储功能被打开且存储了相应数据,再轻按"HOLD/SAVE"键将存储第二数据,再轻按"HOLD/SAVE"键将存储第三数据,想取消存储功能则再次长按"HOLD/SAVE"键约 2s 即可。

② 查看保存数据：长按"LIGHT/LOAD"键约 2s,将调出地址号码为 01 保存的数据,再轻按"LIGHT/LOAD"键,调出地址号码为 02 保存的数据……直到第 20 组数据。若想返回到前一地址查看所存的数据,则按"HOLD/SAVE"键即可。

在此状态下,"HOLD/SAVE"键和"LIGHT/LOAD"键（轻按）实际上可当上、下键用。要退出此功能,长按"LIGHT/LOAD"键约 2s 即可。

> **想一想：**
>
> 数字式接地电阻测试仪如何使用？
> _____
> _____

③ 清除保存的数据：先同时按住"HOLD/SAVE"键和"LIGHT/LOAD"键再开机，LCD 显示"C L."，此时存储器里面的数据将被清除（20 组数据存满或未存满都可清除）。

数字式接地电阻测试仪由机内 DC/AC 变换器将直流电变换为交流低频恒流电，经过辅助接地极 C 和被试物 E 组成回路，被试物上产生交流压降，经辅助接地极 P 送入交流放大器放大，再经过检波送入表头显示，借助功能选择开关可得到 3 个不同的量限：0～2Ω、0～20Ω、0～200Ω。当测试线连接好被测物时，按下 TEST 键，表头 LED 显示的数值即为被测电阻值。

3. 内阻测试仪

内阻测试仪又称内阻仪或蓄电池快速容量测试仪，是测量蓄电池健康状态、荷电状态和连接电阻参数的测试器。

内阻测试仪可测量单体蓄电池的电压和内阻，可自动估算蓄电池容量，可对蓄电池故障进行报警，可与上位机进行通信，进行数据上传，并且可以对数据进行保存、查询和删除等各种操作。新能源汽车检测与维修大赛中常采用内阻测试仪对单体蓄电池的内阻和电压进行测量和比对。下面以安柏 AT526B 内阻测试仪为例进行介绍。

安柏 AT526B 内阻测试仪是全新设计的高精度、高稳定性的蓄电池测试仪，采用高性能 ARM 微处理器控制，广泛应用于接触电阻、蓄电池电压及蓄电池内阻测试的高性能智能仪器。其全新改进的采样电路，采用矢量法进行多种参数的测量和比较，可以测量任何种类的蓄电池，测试电压高达 120V，测试精度达 0.01%，如图 1-5 所示。

扫一扫

1-1-1 蓄电池内阻测试仪检查

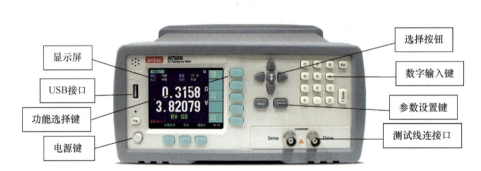

图 1-5 内阻测试仪

动力蓄电池主要性能指标的认知	学习任务单	班级： 姓名：

1. 阐述纯电动汽车中下列术语的定义。

SOC：_____

DOD：_____

能量密度：_____

记忆效应：_____

2. _____是将一个以上单体蓄电池按照_____方式组合，且只有一对正、负极输出端子，并作为电源使用的_____。

3. 动力蓄电池组的整体性能和使用寿命取决于其中_____的一个单体蓄电池，这就要求动力蓄电池组中每个单体蓄电池性能的_____要高。

4. 填写下图各部分名称。

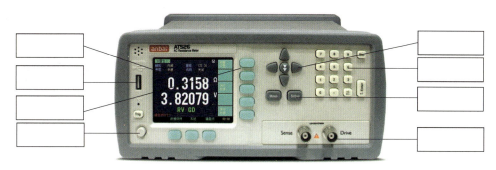

5. 判断下图使用接地电阻测试仪测试时，测试夹与被测端连接的正误。

（　　）　　　　　　　　（　　）

【任务实施】 常见性能测试仪的使用

实训器材

上位机软件、内阻测试仪、动力蓄电池台架、单体蓄电池、绝缘防护用品用具等。

作业准备

1）检查实训工位。

2）将内阻测试仪、绝缘防护用品用具等物品在工位摆放整齐。

3）安装上位机软件，将软件诊断盒在工位摆放整齐。

4）做好人员防护。

【操作步骤】

扫一扫

1-1-1 上位机软件的使用

一、上位机软件的使用

1）将上位机软件安装到微机上，如图 1-6 所示。

2）将上位机软件诊断盒一端与动力蓄电池台架数据线相连，一端与微机 USB 接口相连，如图 1-7 所示。

3）启动动力蓄电池台架，观察动力蓄电池台架各指示灯显示是否正常，上位机软件连接接口指示灯是否正常闪烁，如图 1-8 所示。

图 1-6 上位机软件图标

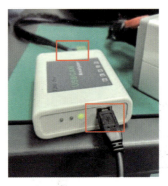

图 1-7 连接上位机软件诊断盒

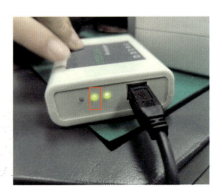

图 1-8 上位机软件连接指示灯

4）利用上位机软件读取蓄电池包数据流。单击"连接"上位机软件，单击"启动"，可读取动力蓄电池的"安全警告"提示、SOC、电流、电压、温度等信息。打开上位机软件进入"实时信息"模块，可以查看当前蓄电池组中各单体蓄电池的电压值及各个箱体的温度信息。打开上位机软件进入"配置"模块，可读取和配置系统的各项参数。打开上位机软件进入"绝缘监测"模块，可以读取到绝缘检测仪的状态、绝缘电阻、蓄电池电压的信息，如图 1-9 所示。

图 1-9 上位机软件界面

> **小提示：**
>
> 动力蓄电池台架上位机软件可以确认或缩小故障范围，但仍然存在系统故障码保护等可能性，建议参考企业工作实际，进行二次验证操作确保诊断的准确性。

二、内阻测试仪的使用

1. 电源线、测试线的连接

连接内阻测试仪电源线和测试线，如图 1-10 所示。

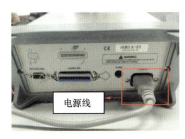

图 1-10　内阻测试仪电源线、测试线的连接

2. 开机

连接好内阻测试仪测试线，按下内阻测试仪电源开关键至绿灯亮起，测试仪可正常工作，如图 1-11 所示。

3. 参数设置

按下 setup 键进入参数设置界面，如图 1-12 所示，可对单体蓄电池的电压、内阻标称值、上限值、下限值进行设置。

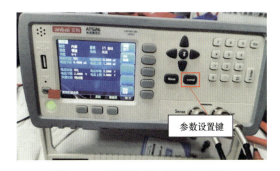

图 1-11　内阻测试仪开机　　　　　　　　图 1-12　内阻测试仪参数设置界面

4. 校零

参数设置完成后，对测试仪进行校零。当将两测试表笔头部相对至完全接触，在参数设置界面按下"清零"键进行校零，如图 1-13 所示，当进度条走到头时即校零完成。

5. 单体蓄电池测试

使用校零后的内阻测试仪对单体蓄电池进行电压和内阻测试，如图 1-14 所示。

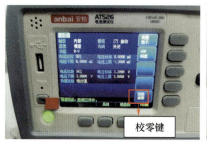
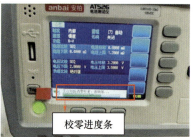

图 1-13　内阻测试仪校零

6. 单体蓄电池测试结果分析

在测试的同时,内阻测试仪可根据已设置的参数上、下限值自动判定单体蓄电池的合格性,如图 1-15 所示。绿色"RV OK"字样表示单体蓄电池的电压和内阻在设定的标准范围内,合格。若红色"RV NG"字样亮起,表示单体蓄电池的电压和内阻不在设定的标准范围内,不合格,需修理或更换单体蓄电池。

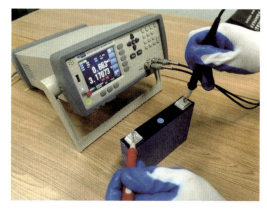

图 1-14　单体蓄电池测试

图 1-15　单体蓄电池测试结果

竞赛小知识

在新能源汽车动力蓄电池装调与检测竞赛模块中,当用内阻测试仪表笔测试单体蓄电池时,一定要将测试表笔搭到单体蓄电池的正、负极上并待测试仪读数稳定后再进行读数,否则会影响单体蓄电池电压、内阻的测试结果。

常见性能测试仪的使用	工作任务单	班级:
		姓名:

1. 蓄电池管理系统(异常)数据记录表

参数名称	(异常)数据记录	技术规范值	处理方法

(续)

参数名称	（异常）数据记录	技术规范值	处理方法

2. 内阻测试仪测量设置

参数名称	数值	参数名称	数值
标称电压		标称电阻	
电压上限		电阻上限	
电压下限		电阻下限	

3. 单体蓄电池检测

单体蓄电池编号	实际测量值		处理方法
	电压值	内阻值	

课证融通考评单			实习日期：
姓名：		班级：	学号：
自评：□熟练　□不熟练		互评：□熟练　□不熟练	师评：□合格　□不合格
日期：		日期：	日期：
动力蓄电池主要性能指标的认知【评分细则】						

序号	评分项	得分条件	分值	评分要求	自评	互评	师评
1	安全/5S/态度	□1. 能进行工位 5S 操作 □2. 能进行设备和工具安全检查 □3. 能进行人员安全防护操作 □4. 能进行工具清洁、校准、存放操作 □5. 能进行三不落地操作	15	未完成 1 项扣 3 分	□熟练 □不熟练	□熟练 □不熟练	□合格 □不合格

（续）

序号	评分项	得分条件	分值	评分要求	自评	互评	师评
2	专业技能能力	□1. 能佩戴绝缘手套、护目镜检查蓄电池包外壳有无异常磕碰或损坏 □2. 报告教师后，能打开控制开关上电 □3. 能正确地启动技术平台并进入上位机软件 □4. 能正确地读取蓄电池系统异常数据并记录在作业单上 □5. 能正确地连接内阻测试仪电源线、测试线 □6. 会对内阻测试仪进行校零 □7. 能按要求设定蓄电池内阻测试仪的标称电阻、标称电压、电压上限、电压下限、电阻上限、电阻下限 □8. 能使用内阻测试仪进行测量	50	未完成1项扣5分	□熟练 □不熟练	□熟练 □不熟练	□合格 □不合格
3	工具及设备的使用能力	□1. 能正确地检查内阻测试仪连接线、按键 □2. 能正确地安装上位机软件 □3. 能正确地进行上位机诊断盒的连接	10	未完成1项扣3分	□熟练 □不熟练	□熟练 □不熟练	□合格 □不合格
4	资料、信息查询能力	□1. 能正确地查询内阻测试仪的型号 □2. 能正确地使用维修手册查询资料 □3. 能正确地记录查询资料章节及页码 □4. 能正确地记录工作任务信息	10	未完成1项扣3分，扣分不得超过10分	□熟练 □不熟练	□熟练 □不熟练	□合格 □不合格
5	数据判断和分析能力	□1. 能判断内阻测试仪是否正常 □2. 能判断上位机软件是否正常	10	未完成1项扣3分	□熟练 □不熟练	□熟练 □不熟练	□合格 □不合格
6	表单填写报告的撰写能力	□1. 字迹清晰 □2. 语句通顺 □3. 无错别字 □4. 无涂改 □5. 无抄袭	5	未完成1项扣1分	□熟练 □不熟练	□熟练 □不熟练	□合格 □不合格

总分：
教师签名：

学习情境二

动力蓄电池的类型

通过理论知识学习，了解动力蓄电池的相关理论术语，熟悉动力蓄电池的材料类型和构造类型，掌握动力蓄电池的不同连接与测量方法。

通过规范操作练习，牢记正确的操作事项，养成良好的工作习惯和工作态度并有效地将其融入技能等级证书的考核和技能大赛中。

任务　动力蓄电池的分类

【学习目标】

知识目标：

1. 掌握动力蓄电池的分类。
2. 掌握动力蓄电池的材料类型和结构类型。
3. 掌握动力蓄电池的连接方式及内置保护。

技能目标：

1. 具有独立进行动力蓄电池连接的能力。
2. 具有正确使用检测设备进行动力蓄电池测量的能力。

素质目标：

1. 严格执行电动汽车动力蓄电池操作规范，养成严谨科学的工作态度。

2. 培养学生敢于创新的精神。

3. 养成总结训练过程和结果的习惯，为下次训练积累经验。

4. 培养责任担当和安全防护意识。

5. 严格执行 7S 现场管理。

【任务描述】

一辆吉利 EV450 电动汽车因为动力蓄电池损坏而无法运行，动力蓄电池总成需要分解进行单体检测，然后进行组装。这就需要维修人员熟悉动力蓄电池的类型、结构，并能够对蓄电池组进行不同形式的连接后组装成动力蓄电池包。

【获取信息】

一、动力蓄电池的类型

动力蓄电池按材料类型不同，可分为锂离子蓄电池、金属氢化物镍蓄电池、燃料电池、铅酸蓄电池等。目前电动汽车中使用比较多的是锂离子蓄电池、金属氢化物镍蓄电池。

1. 锂离子蓄电池

锂离子蓄电池是用锰酸锂、磷酸铁锂、钴酸锂、钛酸锂等锂的化合物做正极，用嵌入锂离子的碳材料（如石墨）做负极，使用有机电解质的蓄电池。

（1）锂离子蓄电池的组成　锂离子蓄电池由正极、负极、隔膜板、正极接线柱、负极引线、绝缘板、保护阀、PTC（正温度控制）元件、蓄电池外壳等组成，如图 1-16 所示。

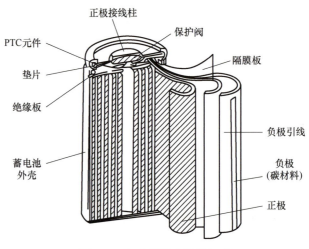

图 1-16　锂离子蓄电池的组成

（2）锂离子蓄电池的分类　根据正极材料不同，锂离子蓄电池分为锰酸锂离子蓄电池、磷酸铁锂离子蓄电池、镍钴锂离子蓄电池、三元（镍钴锰）锂离子蓄电池，目前市场上应用比较广的是三元锂离子蓄电池、磷酸铁锂离子蓄电池等。

（3）锂离子蓄电池的特点

1）优点：工作电压高、比能量高、循环寿命长、自放电率低、无记忆性、可实现快速充电、对环境无污染、能够制造成任意形状。目前，大多数电动汽车广泛应用锂离子蓄电池。

2）缺点：成本高、单体蓄电池需要保护电路控制，蓄电池组需要配有管理系统。

2. 金属氢化物镍蓄电池

金属氢化物镍蓄电池也称为镍氢蓄电池，是正极使用镍氧化物、负极使用可吸收和释放氢的储氢合金，以氢氧化钾为电解质的蓄电池。金属氢化物镍蓄电池在混合动力电动汽车上使用较多，其结构如图1-17所示，主要由单体蓄电池、能量管理系统（BMS）、温度监测、电压监测、电流传感器、正极接触器、负极接触器、预充电电阻、检修开关、外壳等组成。

3. 燃料电池

燃料电池是一种能够持续地通过发生在阳极和阴极的氧化还原反应将化学能转化为电能的能量转换装置。燃料电池与常规蓄电池的区别在于它工作时需要连续不断地向燃料电池内输入燃料和氧化剂，只要持续供应，燃料电池就会不断提供电能。

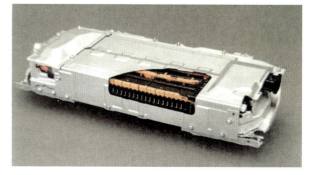

图1-17 镍氢蓄电池

> 燃料电池的特点：
> 1）能量转换效率高：燃料电池的能量转换效率不受卡诺循环的限制，也不存在机械能做功的损失，因此与热机和发电机相比，燃料电池能量转换效率极高。
> 2）对环境的污染小：燃料电池在将燃料转换为电能的过程中，对环境的负面影响极小。
> 3）采用模块结构，方便耐用：单体蓄电池是燃料电池的发电单元，燃料电池发电系统由单体蓄电池叠至所需规模的蓄电池组构成，单体蓄电池的数量决定了发电系统的规模。
> 4）响应性好，供电可靠：燃料电池发电系统对负载变动的响应速度快。
> 5）适应的燃料多种多样：可做为燃料电池的燃料有氢、天然气、煤气、甲醇、乙醇、汽油等。

二、锂离子蓄电池的类型

根据外形不同，锂离子蓄电池分为方形锂离子蓄电池、圆柱形锂离子蓄电池、软包锂离子蓄电池、刀片形蓄电池等，应用比较多的是方形锂离子蓄电池、圆柱形锂离子蓄电池，如图1-18所示。不同形状蓄电池的特点见表1-1。

1. 圆柱形蓄电池

圆柱形蓄电池可分为14650、18650、21700等型号，这是由蓄电池尺寸命名的蓄电池名称，如18650表示蓄电池的直径为18mm、长度为65mm。18650是目前市面上最为常见的蓄电池型号，也是技术最为成熟的一种，而21700是特斯拉汽车近年来主推的新型蓄电池。单节圆柱形蓄电池的尺寸大一些，电量更多一些，如此一来，电芯的数量得以大幅减少，使得车辆在蓄电池系统的控制方面更为得心应手。

a) 圆柱形锂离子蓄电池　　　　b) 方形锂离子蓄电池　　　　c) 软包锂离子蓄电池

图 1-18　不同形状的锂离子蓄电池

表 1-1　不同形状蓄电池的特点

形状	圆柱形	方形	软包
安全性	安全阀双重保护，PTC	泄气阀	外壳保护
耐压性	高	中	差
功率性能	好	较好	一般
组合体积	大	小	小
组合成本	高	低	低
外壳	标准壳体	金属或塑料壳体，改变较难	可制成各种大小蓄电池
散热性能	良好	一般	差
工艺性	成熟，易于自动化生产	一般	一般
组合特点	体积大，散热表面大	体积小，工艺简单	工艺简单，机械强度低
应用领域	广泛，动力类及消费类	动力蓄电池	动力蓄电池

2. 方形蓄电池

方形蓄电池的可塑性较强，车企可以根据车型需求对方形蓄电池尺寸进行定制化设计。市面上很多方形蓄电池组虽然名义上是方形蓄电池，但是内部本质还是软包蓄电池。

3. 软包蓄电池

软包蓄电池因为采用了叠加的制造方式，所以更加纤薄，由于软包蓄电池组采用了比铝外壳质量更小的铝塑膜包装，所以能量密度最高，因为其体积的可控性被汽车品牌所看重。尤其是对于混合动力车型来说，在需要同时考虑整车布局和质量时，软包蓄电池的优势更加明显。

想一想：

除了上面讲的蓄电池，还有什么形状的蓄电池？刀片形蓄电池有什么特点？

> 头脑风暴

石墨烯动力蓄电池

目前，人们对动力蓄电池的主要关注点是续驶里程和充电时间。从目前的技术水平来看，续驶里程和充电时间难以兼顾，因此对动力蓄电池的研究分为2个方向，一种专注于增加蓄电池的能量，进而增加蓄电池续驶里程；另一种通过改善动力蓄电池的充电性能以缩短蓄电池的充电时间。

石墨烯理论比容量是石墨的2倍左右，加之优越的导电性和良好的导热性，充、放电曲线和软碳材料类似，是高能量密度蓄电池负极材料的良好选择，如三星报告已研发出了基于石墨烯材料的新技术。基于石墨烯制造的蓄电池比商业化普通蓄电池的容量高出45%，充电速度快5倍。

1. 石墨烯在正极的应用

将LFP纳米颗粒和氧化石墨混合，然后将混合物烧结得到LFP/G复合材料，结果表明，石墨烯覆盖于LFP纳米颗粒（粒径2~5nm）的表面，厚度约为2nm（3~5层）。通过石墨烯提高材料导电性和规则的微观形貌，可使LFP/G复合材料具有超常的循环寿命。

2. 石墨烯在负极中的应用

通过微波热处理对石墨氧化和快速膨胀，可制备具有层状结构的石墨烯材料。层状石墨烯的可逆放电容量为580mAh/g，循环50次后比容量为420mAh/g。微波处理制备的石墨烯纳米片具有许多微孔和孔洞，可以作为锂离子的存储场所，从而提高锂离子的存储容量和蓄电池的循环稳定性。通过氧化工艺可制备具有可控层的石墨烯。电化学测试表明，单层石墨烯负极首次可逆比容量为1175mAh/g，而5层石墨烯负极只有845mAh/g。

3. 石墨烯导电剂的应用

蓄电池材料对动力蓄电池充电速度起到至关重要的作用。石墨烯因为其特殊结构，带来优异的电子传输能力，可以作为蓄电池材料的导电剂使用。将石墨烯纳米片作为导电剂制备的$LiFePO_4$电极表现了较高的电化学性能，0.1C下比容量为146mAh/g，1C下为125mAh/g，高于同比加入的碳纳米管和炭黑的电极。采用石墨烯导电剂制备的磷酸铁锂2Ah软包蓄电池，在10C倍率下循环2000次容量保持率大于80%，且在低温-20℃时，0.33C倍率下容量保持率仍高达70%。

三、动力蓄电池的成组方式

1. 连接方式

单体蓄电池的容量和电压往往不能满足汽车的实际需求，因此需将多个单体蓄电池组合成蓄电池组使用。蓄电池组的合成方式因单体蓄电池的排布和连接方式不同而有所不同，主要组合方式有串联、并联和串并混合连接3种方式。

（1）串联 n个蓄电池通过串联构成蓄电池模块（简称nS）时，蓄电池组的电压为单体蓄电池电压的n倍，而蓄电池组的容量为单体蓄电池的容量，如图1-19所示。

（2）并联 蓄电池并联方式通常用于满足大电流的工作需要。m个单体蓄电池通过并联构成蓄电池组（简称mP）时，蓄电池组的容量为单体蓄电池容量的m倍，蓄电池模块的标称电压为单体蓄电池的标称电压，如图1-20所示。

（3）串并混合连接

1）nPmS：由m个蓄电池组串联组成的蓄电池包，其中每个蓄电池组包括n个并联的动力蓄单体蓄电池，如图1-21a所示。

2）mSnP：由n个蓄电池组并联组成的蓄电池包，其中每个蓄电池组包括m个串联的动力蓄单体蓄电池，如图1-21b所示。

1-2-1 动力蓄电池的不同连接与测量（串联）

1-2-1 动力蓄电池的不同连接与测量（并联）

1-2-1 动力蓄电池的不同连接与测量（混联）

图 1-19　串联

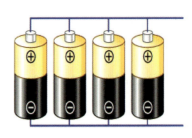

图 1-20　并联

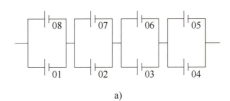

a)

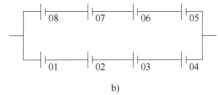

b)

图 1-21　串并混合连接

先并联后串联系统的可靠性高于单体可靠性，而先串联后并联系统的可靠性低于单体可靠性。先并联后串联系统连接可靠性远远大于先串联后并联的情况。

2. 单体蓄电池极柱（极耳）的类型

单体蓄电池极柱类型可以分为外螺纹型极柱、内螺纹型极柱、平头型极柱以及长条形极耳（聚合物锂离子蓄电池类型的极耳），如图 1-22 所示。不同极柱类型的蓄电池，其蓄电池成组方式、连接工艺会有很大不同。

（1）外螺纹型极柱（极耳）蓄电池　如图 1-22a 所示，单体蓄电池之间通常采用机械锁紧的连接工艺。这一工艺的优点是组装连接可以采用多种方式、简单灵活；缺点是由于自身结构限制，相对于平头型极柱，体积能量密度稍大。

（2）内螺纹型极柱蓄电池　如图 1-22b 所示，单体蓄电池之间通常采用机械锁紧的连接工艺。这一工艺的优点是组装连接可以采用多种方式，易于拆卸；缺点是由于自身结构限制，相对于平头型极柱，组装过程需要增加金属配件，蓄电池组质量有所增大。

（3）平头型极柱蓄电池　如图 1-22c 所示，单体蓄电池之间通常采用电阻焊接或激光焊接的连接工艺。这一工艺的优点是相对于以上 2 种极柱类型蓄电池，平头型极柱蓄电池成组后的体积小，体积能量密度高，质量能量密度高；缺点是连接工艺选择方式单一，组装完成的蓄电池不易拆卸替换，只能以焊接方式完成成组组装。

（4）长条形极耳蓄电池　如图 1-22d 所示，单体蓄电池之间连接成组时，其连接片与极耳之间通常采用激光焊或锡焊或电阻焊接的连接工艺或非焊接式机械压紧。这一工艺的优点是体积能量密度和质量能量密度较高；缺点是成组工序复杂，需要较多辅助的支架等。

3. 动力蓄电池内置保护

锂离子蓄电池在使用中严禁过充电、过放电、短路，否则将会使蓄电池起火、爆炸等，所以，锂离子蓄电池都会带有一块保护板来保护其安全，如图 1-23 所示。

（1）内置保护板的作用　保护板常见的功能有过充电保护、过放电保护、短路/过电流保护、温度保护、充电电流/电压控制等。

项目一 动力蓄电池的认知

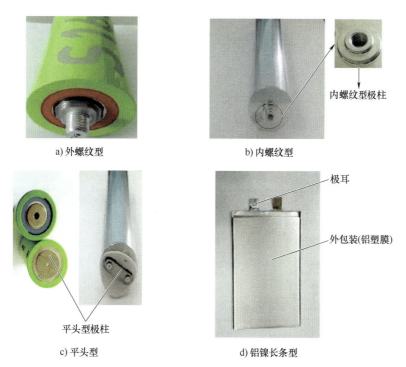

a) 外螺纹型　　b) 内螺纹型

c) 平头型　　d) 铝镍长条型

图 1-22　单体蓄电池极柱类型

（2）内置保护板的工作原理

1) 过充电保护：如图 1-24 所示，在通常状态 MOSFET 中的 Q1、Q2 是导通的。从图中可看到电流从动力蓄电池的 + 端进入，经过 FUSE 到 BAT 的正极然后从电芯的负极端输出，流经 MOSFET 的 Q1、Q2，最后从动力蓄电池的 - 端输出。在充电中，保护 IC（N1）时时监测第 5 脚（VDD）与第 6 脚（VSS）之间的

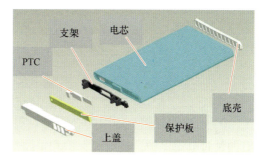

图 1-23　动力蓄电池内置保护

端电压，端电压的值如果大于等于过充电压且达到过充电压的延时时间，保护 IC 则通过第 3 脚关闭 Q2，当 Q2 被关闭后（Q2 的体二极管 VD2 是反向截止的），整个充电回路被切断，这时只能放电。

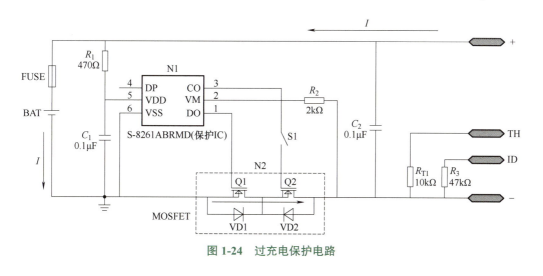

图 1-24　过充电保护电路

23

过充解除条件是（满足条件之一）：a. 电芯两端的电压下降到保护 IC 的过充恢复电压。b. 在 pack 的输出端加负载放电（放电到电压小于过充保护电压）。

2）过放电保护：如图 1-25 所示，在正常状态下 N2 的 Q1、Q2 是导通的。当在蓄电池的输出端加负载时，电流的流向正好与充电的流向是相反的。保护 IC（N1）时时监测第 5 脚（VDD）与第 6 脚（VSS）之间的端电压，端电压的值如果不大于过放电电压且达到过放电压的延时时间，保护 IC 则通过第 1 脚关闭 Q1（Q1 的体二极管 VD1 是反向截止的），整个放电回路被切断，这时只能充电。

过放电解除方法是：去除负载，在动力蓄电池的正、负端加正相充电电压，当 VDD-VSS 间的电压达到过放恢复电压值时，N1 的 DO 端会送出高电平重新开通 Q1。

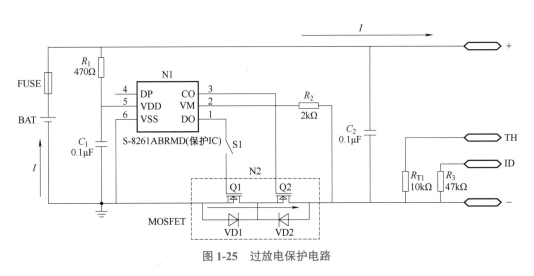

图 1-25　过放电保护电路

3）过电流保护：如图 1-26 所示，过电流保护指的是过放电流的保护，通常的保护 IC 有两种过电流保护，过电流保护和短路保护，保护 IC 检测的是 VSS-VM 端的电压值，当电压值达到过电流或短路保护的阈值且达到相对的延时时间时，保护 IC 将 DO 端断开关闭 Q1，使得放电回路切断。

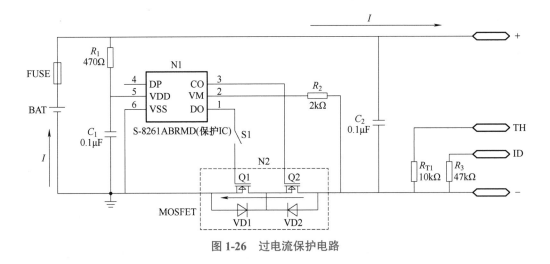

图 1-26　过电流保护电路

过电流解除的条件是动力蓄电池输出端的负载去除，保护 IC 会自动将 DO 脚置为高电平导通 Q1。过电流保护的电压值一般是 0.1~0.3V，根据不同的保护 IC 有不同的值，短路检测的电压值通常是 0.9~2V，这也根据保护 IC 的不同而不同。这个电压值是指通过电流流经 MOSFET Q1，Q2 后在上面得到的导通压降。所以过电流保护的大小与选用的 MOSFET 的导通电阻是有密切关系的。MOSFET 的导通电阻越大反映出的保护电流值就越小。如：内阻为 20mΩ 的 MOSFET，选用的过电流值为 0.15V 的保护 IC，那过电流保护的电流应为：0.15V/（0.02Ω*2）=3.75A。

动力蓄电池的分类	学习任务单	班级： 姓名：

1. 汽车动力蓄电池的分类。

1）汽车动力蓄电池类型主要有_____、_____、_____、_____等。

2）锂离子蓄电池按照正极材料可分为_____、_____、_____、_____、_____等。

3）锂离子蓄电池按照电解质材料分为_____、_____等。

4）锂离子蓄电池按照外形分为_____、_____、_____等。

5）比亚迪的刀片形蓄电池实质属于_____蓄电池。

2. 动力蓄电池连接的方法。

1）已知单体蓄电池的标称电压为 3.6V，现在需要蓄电池组的电压为 72V，需要_____个单体蓄电池采取_____连接的方法组合。

2）已知单体蓄电池额定容量为 8A·h，现在需要蓄电池组的容量为 32A·h，需要_____个单体蓄电池采取_____连接的方法组合。

3）已知单体蓄电池的容量为 8A·h、电压为 3.6V，现在需要蓄电池组的电压为 72V、容量为 32A·h，需要_____个单体蓄电池串联，_____个单体蓄电池并联。请画出电路图。

3. 动力蓄电池内置保护。

动力蓄电池内置保护板的主要功能有_____、_____、_____、_____、_____等。

【任务实施】动力蓄电池的连接与测量

实训器材

单体蓄电池、极柱连接片、固定螺栓、万用表、防护用品、蓄电池拆装工具等。

作业准备

1）单体蓄电池、极柱连接片、固定螺栓摆放整齐。

2）将防护用品、蓄电池拆装工具等物品在工位摆放整齐。

3）将警示标识和设备、绝缘地胶、干粉灭火器、清洁剂等物品在工位摆放整齐。

【操作步骤】

单体蓄电池的典型连接方式有串联、并联以及先并联后串联、先串联后并联即混联等。

一、单体蓄电池的串联

将一定数量的单体蓄电池以串联的方式连接成组，注意蓄电池极性，首尾相连，如图 1-27 所示。

利用万用表，测量串联蓄电池组的电压。测量时，表笔要与蓄电池极柱相接触，如图 1-28 所示。

图 1-27　单体蓄电池的串联

图 1-28　测量串联蓄电池组电压

二、单体蓄电池的并联

将一定数量的单体蓄电池以并联的方式连接成组，注意蓄电池的极性，如图 1-29 所示。

使用万用表测量并联蓄电池组的电压，如图 1-30 所示。

图 1-29　单体蓄电池的并联

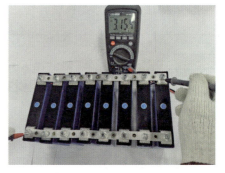
图 1-30　测量并联蓄电池组的电压

三、单体蓄电池的混联

将一定数量的单体蓄电池以先并联再串联的方式连接成组，注意蓄电池极性，如

图 1-31 所示。

使用万用表测量混联蓄电池组的电压,如图 1-32 所示。

图 1-31 单体蓄电池的混联

图 1-32 测量混联蓄电池组的电压

竞赛小知识

在新能源汽车动力蓄电池装调与检测竞赛模块中,当连接单体蓄电池时,一定要注意单体蓄电池的正、负极极性,连接时若出现短路现象,将会烧毁单体蓄电池。

动力蓄电池的连接与测量		工作任务单	班级:	
			姓名:	
1. 蓄电池信息记录					
品牌		型号		生产日期	
		蓄电池电量			
2. 作业场地准备				
检查、设置隔离栏				□是 □否
检查、设置安全警示牌				□是 □否
检查灭火器压力、有效期				□是 □否
3. 测量连接后的蓄电池组电压并画图				
连接方式	绘制电路图		实测电压	

（续）

4. 设计一组蓄电池组，要求连接后的总电压达到31V，画出连接电路图并进行测量验证

	课证融通考评单		实习日期：	
姓名：		班级：		学号：
自评：□熟练 □不熟练		互评：□熟练 □不熟练		师评：□合格 □不合格
日期：		日期：		日期：

动力蓄电池的分类【评分细则】

序号	评分项	得分条件	分值	评分要求	自评	互评	师评
1	安全/7S/态度	□1. 能进行工位7S操作 □2. 能进行设备和工具安全检查 □3. 能进行车辆安全防护操作 □4. 能进行工具清洁、校准、存放操作 □5. 能进行三不落地操作	15	未完成1项扣3分	□熟练 □不熟练	□熟练 □不熟练	□合格 □不合格
2	专业技能能力	□1. 能根据要求正确地进行单体蓄电池的连接 □2. 能规范地拆装蓄电池组 □3. 能正确地进行蓄电池组的测量 □4. 能正确地进行竣工后的验收	50	未完成1项扣8分	□熟练 □不熟练	□熟练 □不熟练	□合格 □不合格
3	工具及设备的使用能力	□1. 能正确地使用数字万用表 □2. 能正确地使用绝缘防护用品和工具	10	未完成1项扣5分	□熟练 □不熟练	□熟练 □不熟练	□合格 □不合格
4	数据判断和分析能力	□能判断不同连接形式的蓄电池组的测量电压	20	扣分不得超过20分	□熟练 □不熟练	□熟练 □不熟练	□合格 □不合格
5	表单填写报告的撰写能力	□1. 字迹清晰 □2. 语句通顺 □3. 无错别字 □4. 无涂改 □5. 无抄袭	5	未完成1项扣1分	□熟练 □不熟练	□熟练 □不熟练	□合格 □不合格

总分：
教师签名：

项目二
动力蓄电池的装调与测试

动力蓄电池使用时难免出现故障，动力蓄电池装调与测试是纯电动汽车检修的重要技能，其效果将直接影响新能源汽车后期的使用性能。

动力蓄电池的装调与测试主要包括 3 个学习情境：动力蓄电池的整车装调与测试、动力蓄电池总成的装调与测试和蓄电池管理系统及电路测量。

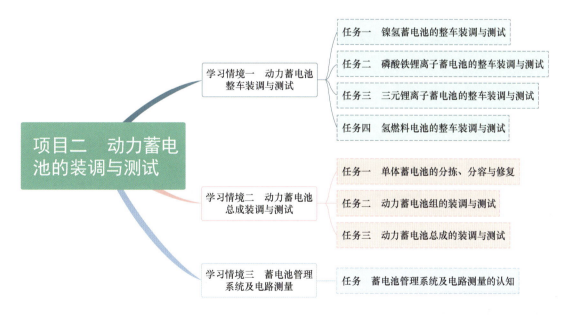

学习情境一
动力蓄电池整车装调与测试

　　动力蓄电池是电动汽车高压驱动装置的蓄能器,在使用寿命到限或发生故障时,需要对其进行更换或测试。为确保安全需要提前熟悉动力蓄电池的基础知识以及其他必要的充分准备工作,熟练掌握动力蓄电池的标准拆卸流程。经过检测、维修或更换的动力蓄电池需要装车、删除故障码并进行试运行等整车性能评估。

　　通过规范操作练习,应牢记正确的操作事项,养成良好的工作习惯和工作态度并有效地将其融入技能等级证书的考核和技能大赛中。

任务一　镍氢蓄电池的整车装调与测试

【学习目标】

知识目标:
1. 了解镍氢蓄电池的结构与工作原理。
2. 掌握镍氢蓄电池整车装调与测试的注意事项。

技能目标:
具有镍氢蓄电池整车装调的能力。

素质目标：

1. 通过对镍氢蓄电池性能介绍，培养学生科学探索精神。
2. 通过对蓄电池组的拆装实训，培养学生严谨的科学态度。
3. 通过查找资料，制订任务实施方案，培养自学能力和规划组织能力。
4. 能在工作结束后按照 7S 管理规定整理、恢复作业场地，养成良好的工作习惯。

一辆 PHEV 汽车因为动力蓄电池损坏，需要更换动力蓄电池。对于这类问题，需要维修人员对动力蓄电池的基础知识、更换流程和要求及相关仪器设备的使用方法有全面的认识。

一、镍氢蓄电池的结构特点

镍氢蓄电池的正极材料是氢氧化镍（NiOH），负极材料则是金属氢化物，即储氢合金（MH），电解液是浓度为 30% 的氢氧化钾水溶液。这里所谓的"储氢合金"指具有很强"吸收"氢气能力的金属镍，其单位体积储氢的密度可相当于储存 1000 个大气压的高压氢气。镍氢蓄电池能量密度（电动汽车的续驶能力）与普通的锂离子蓄电池差距并不大，为 70~100Wh/kg。

镍氢动力蓄电池具有无污染、高比能、大功率、快速充放电、耐用性好等许多优点。与铅酸蓄电池相比，镍氢蓄电池具有比能量高、质量小、体积小、循环寿命长等优点。与镍镉蓄电池相比，其比能量是镍镉蓄电池的 2 倍。另一大优点就是镍氢蓄电池不含镉、铅等有毒金属，其中一些金属有较高的回收价值，可称为绿色能源。

镍氢蓄电池的主要特点：

1）质量比功率高：目前商业化的镍氢功率型蓄电池的质量比功率可达到 1350Wh/kg。

2）循环次数多：目前应用在电动汽车上的镍氢动力蓄电池，80% 放电深度（DOD）循环可以达1000次以上，为铅酸蓄电池的3倍以上；100% DOD循环寿命可达500次以上。在混合动力汽车中可使用 5 年以上。

3）无污染：不含铅、镉等对人体有害的金属。

4）耐过充过放。

5）有记忆效应。

6）使用温度范围宽：正常使用温度范围为 –30~55℃，储存温度范围为 –40~70℃。

7）安全、可靠：短路、挤压、针刺、安全阀工作能力、跌落、加热、耐振动等安全性和可靠性试验无爆炸和燃烧现象。

二、镍氢蓄电池的工作原理

储氢合金能稳定地储气和放气，镍氢蓄电池的工作原理是利用水的氢离子移动反应来获得电流，这时氢气在负极上被逐渐消耗掉。

1. 镍氢蓄电池充、放电原理

镍氢蓄电池正极的活性物质为 NiOON（放电时）和 Ni（OH$_2$）（充电时），负极板的活性物质为 H$_2$（放电时）和 H$_2$O（充电时），电解液采用 30% 的氢氧化钾溶液，充、放电时的电化学反应如下，式中 e 指带电的电子。

（1）负极反应式

$$x\text{H}_2\text{O}+\text{M}+xe \underset{\text{放电}}{\overset{\text{充电}}{\rightleftharpoons}} x\text{OH}^- + \text{MH}_x$$

（2）正极反应式

$$\text{Ni(OH)}_2 + \text{OH}^- \underset{\text{放电}}{\overset{\text{充电}}{\rightleftharpoons}} \text{NiOOH} + \text{H}_2\text{O} + e$$

（3）总的反应式

$$x\text{Ni(HO)}_2 + \text{M} \underset{\text{放电}}{\overset{\text{充电}}{\rightleftharpoons}} x\text{NiOOH} + \text{MH}_x$$

镍氢蓄电池在充、放电过程中，正、负极上进行电化学反应时不产生任何中间态的可溶性金属离子，也没有电解液中的任何组分消耗和生成，因而镍氢蓄电池可以做成密封型结构。

2. 镍氢蓄电池过充电和过放电时的反应

（1）正极

过充电析出氧：$4\text{OH}^- \rightarrow \text{O}_2 + 2\text{H}_2\text{O} + 4e$

过放电析出氢：$2\text{H}_2\text{O} + 2e \rightarrow 2\text{OH}^- + \text{H}_2$

（2）负极

过充电消耗氧：$2\text{H}_2\text{O} + \text{O}_2 + 4e \rightarrow 4\text{OH}^-$

过放电消耗氢：$\text{H}_2 + 2\text{OH}^- \rightarrow 2\text{H}_2\text{O} + 2e$

镍氢蓄电池过充时，正极会析出氧气，而负极消耗氧气。过放电时，正极析出氢气，而负极消耗氢气。因此，镍氢蓄电池具有长期过放电和过充电自我保护的能力。

> **想一想：**
> 镍氢蓄电池用在哪种车型上？

三、镍氢蓄电池成组的要求和类型

1. 蓄电池成组的要求

单体镍氢蓄电池的结构形式主要有圆形卷绕和方形平板两种，其外部都有独立的外壳，当需要将各单体蓄电池组装成蓄电池组时，有如下要求：

1）各单体蓄电池的容量和电阻尽可能一致。

2）镍氢蓄电池组必须有良好的绝缘，适合的包装材料，同时考虑每个镍氢单体蓄电池在充、放电时的膨胀和收缩。

3）有合理的冷却系统，使蓄电池组各单体蓄电池保持适合且一致的温度。

2. 蓄电池组的类型

根据蓄电池外形不同，镍氢蓄电池组可以分为 L 型（图 2-1）和 F 型（图 2-2）两种。

在 L 型镍氢蓄电池组中，各单体蓄电池沿着直径并排排列，用镍条或钢片连接相邻两个蓄电池的正、负极，使其串联，用热缩性材料固定。在 F 型镍氢蓄电池组中，各单体镍氢蓄电池沿着轴向串联，用热缩性材料固定。

电动汽车上通常采用 F 型镍氢蓄电池组。方形和圆柱形镍氢蓄电池分别如图 2-3 和图 2-4 所示。

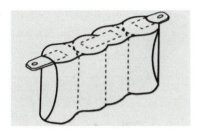

图 2-1　L 型镍氢蓄电池组

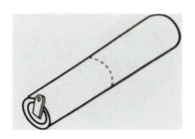

图 2-2　F 型镍氢蓄电池组

图 2-3　方形镍氢蓄电池

图 2-4　圆柱形镍氢蓄电池

> **知识拓展**
>
> 比亚迪电动汽车采用的刀片式蓄电池的本质是磷酸铁锂离子蓄电池，但通过改变结构（将蓄电池拉长固定在结构件上，取消了模组和梁的设计，空间利用率达到 60% 以上）获得更大的能量密度，彻底改变磷酸铁锂离子蓄电池能量密度不及三元锂离子蓄电池的情况。磷酸铁锂循环寿命长，稳定性好，安全性能良好。2021 年 5 月份磷酸铁锂离子蓄电池的生产量超过三元锂离子蓄电池。
>
> 2021 年 4 月，中国香港科技大学推出锂硫蓄电池，打破锂离子蓄电池极限能量密度 300kW/kg，锂硫蓄电池能量密度超过 500kW/kg，这种新型的蓄电池技术将在蓄电池领域引发重大变革。

四、丰田普锐斯镍氢蓄电池

1. 外部特征

以丰田普锐斯为代表的很多混合动力汽车均采用镍氢蓄电池作为储能元件。第三代普锐斯的动力蓄电池系统由动力蓄电池组、蓄电池智能控制单元、接线盒蓄电池采样线、冷却风扇等组成，布置在行李舱内，如图 2-5 所示。

图 2-5　丰田普锐斯镍氢蓄电池安装位置

2. 内部组成

镍氢蓄电池由蓄电池组、传感器、蓄电池管理器、含接触器的 HV 接线盒总成、动力蓄电池冷却风扇（无电刷）、维修开关插接器等组成，如图 2-6 和图 2-7 所示。

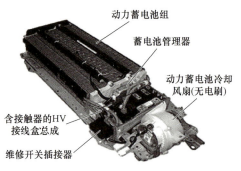

图 2-6　镍氢蓄电池组的内部结构

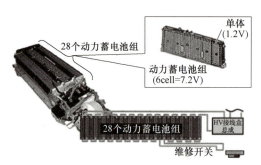

图 2-7　镍氢蓄电池组

五、镍氢蓄电池装调与测试注意事项

丰田普锐斯混合动力汽车配备了 DC 650V 的 HV 蓄电池高压电路，不正确的操作可能导致电击或漏电。所以在检修过程中，拆卸、检查、更换零件时，必须注意下列事项：

1）技师必须经过专业训练或学生在教师的指导下才能维修和检查高压系统。

2）所有高压线束和插接器均为橙色，HV 蓄电池和其他高压零部件上均带有"高压"警告标签，不能随意触碰或拆卸这些线束或零部件。

3）高压线束和插接器有故障时，不要尝试维修高压线束和插接器或随意动有故障的高压电缆或插接器。

4）在检查或维修高压系统之前，务必遵守所有安全措施，如戴好绝缘手套，拆下维修开关以防止电击并妥善保管维修开关，以防止其他技师将其意外连接。

5）拆卸维修开关把手后，在接触任何高压插接器和把手前，至少需要等待 10min，使逆变器内部的高压电容放电完毕。

6）更换镍氢蓄电池时，不要携带金属物品，避免意外掉落导致短路。

7）断开或暴露高压插接器后，要立即使用绝缘胶带将其绝缘。

8）使用"高压请勿触碰"的标牌，告知其他人员正在检查或维修高压系统。

9）打印元件位置图供参考。

10）必须遵守安全规定，断开蓄电池模块与壳体上固定导线之间的高压导线。

11）按照打印的元件位置图，使用防水笔对所有蓄电池组和蓄电池监控电子装置进行编号。

扫一扫

2-1-1 镍氢蓄电池的整车装调

1. 镍氢蓄电池基础知识。

1）镍氢蓄电池由_____、_____、_____、_____等几部分组成。

2）镍氢蓄电池的内阻包括_____、_____、_____三类。

3）影响镍氢蓄电池容量的因素有哪些？

4）延长镍氢蓄电池使用寿命的措施有哪些？

2. 动力蓄电池总成的组成。

1）镍氢蓄电池总成的组成主要由哪几部分组成？

2）丰田普锐斯动力蓄电池内部由哪些部分组成？

3. 动力蓄电池装调与测试。

1）常用个人防护装备有_____、_____、_____、_____、_____等。

2）拆除维修开关后必须等待_____min，使高压部件中的电容器放电完成，才能继续对车辆进行高压检验操作。

3）高电压检验时，使用_____测量高电压部件插接器端子对车身的电压，低于_____V，端子正、负极之间的电压应低于_____V。

4）使用_____检测动力蓄电池的绝缘电阻。

5）描述动力蓄电池绝缘电阻检测方法及注意事项。

【任务实施】 镍氢蓄电池的整车拆解

实训器材

举升机、丰田普锐斯混合动力汽车。

常用仪表：电压表、欧姆表、绝缘测试仪等。

专用工具：绝缘拆装组合工具，动力蓄电池诊断仪。

常用物料：绝缘胶带、扎带、警示标识和设备、绝缘地胶、清洁剂等。

个人防护用品：绝缘手套、防护鞋、工作服、护目镜、安全头盔等。

车辆防护用品：车轮挡块、车内四件套、车外三件套等。

作业准备

1）检查维修设备、维修资料以及安全防护用品。

2）检查举升机，将车辆在工位停放周正，铺好车内和车外护套，用黄色警示标识隔离区域。

3）做好人员防护，记录车辆信息和蓄电池信息。

【操作步骤】

一、人员车辆防护

1）对高压系统进行操作时，在旁边放置警告牌，如图2-8所示。

2）佩戴绝缘手套并确保绝缘手套没有破损，如图2-9所示。

注意：绝缘手套每次使用前必须进行检查，不要带湿手套。

图 2-8　放置安全警告标识

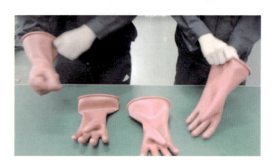
图 2-9　佩戴绝缘手套

二、镍氢蓄电池的整车拆解

1）关闭起动开关，如图 2-10 所示，将钥匙移出智能系统探测范围。一般在 5m 以外或随身携带。

2）取下动力蓄电池冷却风道，如图 2-11 所示。

3）拆下动力蓄电池高压维修开关，如图 2-12 所示，将高压维修开关远离操作区或由操作人员妥善保管。

图 2-10　关闭起动开关

图 2-11　取下冷却风道

图 2-12　拆下高压维修开关

4）断开辅助蓄电池负极端子，端子用绝缘胶带包好，固定好，如图 2-13 所示。

5）等待 5~15min 或更长时间，以便逆变器内部高压电容放电完毕。

6）拆卸 ECU 动力蓄电池盖板，如图 2-14 所示。

图 2-13　绝缘胶带包好负极端子

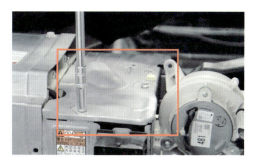

图 2-14　拆卸动力蓄电池盖板

7）使用万用表对动力蓄电池进行验电，测量高压母线电压，电压低于规定值才能继续进行高电压部件的检测与拆除，如图 2-15 所示。

8）确保安全后，断开高压母线连接螺栓，用绝缘乙烯胶包裹断开的高压线路插接器，如图 2-16 所示。

图 2-15　高压母线验电　　　　图 2-16　高压母线绝缘防护

9）拆卸动力蓄电池其他高压连接线束和低压线束，如图 2-17 所示。

图 2-17　拆卸其他高压线束和低压线束

10）拆卸动力蓄电池固定螺栓，如图 2-18 所示。

图 2-18　拆卸动力蓄电池固定螺栓

镍氢蓄电池的整车拆解	工作任务单	班级：	
		姓名：	

1. 车辆信息记录

品牌		整车型号		生产日期	
驱动电机型号		蓄电池电量		行驶里程	
车辆识别代号					

2. 作业场地准备

检查、设置隔离栏	□是 □否
检查、设置安全警示牌	□是 □否
检查灭火器压力、有效期	□是 □否
安装车辆挡块	□是 □否

3. 维修设备、资料、防护

维修用的设备工具是否齐全	□是 □否
个人防护装备是否齐全有效	□是 □否
维修资料是否齐全	□是 □否

4. 高压断电流程

5. 写出蓄电池组的拆卸流程

6. 作业场地恢复

拆卸车内三件套	□是 □否
拆卸翼子板布	□是 □否
将高压警示牌等放至原位置	□是 □否
清洁、整理场地	□是 □否

课证融通考评单		实习日期：
姓名：	班级：	学号：
自评：□熟练 □不熟练	互评：□熟练 □不熟练	师评：□合格 □不合格
日期：	日期：	日期：

镍氢蓄电池的整车装调与测试【评分细则】

序号	评分项	得分条件	分值	评分要求	自评	互评	师评
1	安全/7S/态度	□1. 能进行工位7S操作 □2. 能进行设备和工具安全检查 □3. 能进行车辆安全防护操作 □4. 能进行工具清洁、校准、存放操作 □5. 能进行三不落地操作	15	未完成1项扣3分	□熟练 □不熟练	□熟练 □不熟练	□合格 □不合格
2	专业技能能力	□1. 能正确地进行高压中止操作 □2. 能规范地拆卸动力蓄电池线束插接器 □3. 能正确地进行高压中止后检验 □4. 能正确、规范地拆卸动力蓄电池	50	未完成1项扣10分	□熟练 □不熟练	□熟练 □不熟练	□合格 □不合格
3	工具及设备的使用能力	□1. 能正确地使用故障诊断仪 □2. 能正确地使用数字万用表 □3. 能正确地使用绝缘防护用品和工具	10	未完成1项扣3分	□熟练 □不熟练	□熟练 □不熟练	□合格 □不合格
4	资料、信息查询能力	□1. 能正确地查询线束插接器端子含义 □2. 能正确地使用维修手册查询资料 □3. 能正确地记录查询资料章节及页码 □4. 能正确地记录所需维修信息	10	未完成1项扣3分，扣分不得超过10分	□熟练 □不熟练	□熟练 □不熟练	□合格 □不合格
5	数据判断和分析能力	□1. 能判断动力蓄电池总成的绝缘性性能 □2. 能判断动力蓄电池的故障类型 □3. 能判断动力蓄电池总成的插件的连接情况	10	未完成1项扣3分	□熟练 □不熟练	□熟练 □不熟练	□合格 □不合格
6	表单填写报告的撰写能力	□1. 字迹清晰 □2. 语句通顺 □3. 无错别字 □4. 无涂改 □5. 无抄袭	5	未完成1项扣1分	□熟练 □不熟练	□熟练 □不熟练	□合格 □不合格

总分：
教师签名：

任务二　磷酸铁锂离子蓄电池的整车装调与测试

【学习目标】

知识目标：

1. 掌握磷酸铁锂离子蓄电池的结构与工作原理。
2. 了解刀片形蓄电池的结构与工作原理。
3. 掌握磷酸铁锂离子蓄电池装调与测试的注意事项。

技能目标：

1. 具有正确拆装磷酸铁锂离子蓄电池的能力。
2. 具有进行磷酸铁锂离子蓄电池测试的能力。

素质目标：

1. 在操作过程中树立高压安全意识。
2. 通过制订故障检修流程，具备分析问题、解决问题的能力。
3. 能在工作结束后按 7S 管理规定整理、恢复作业场地，养成良好的工作习惯。
4. 由新能源汽车蓄电池回收，引发对环境保护的探讨，进而深刻理解可持续发展的重要性。

【任务描述】

4S 店技术主管在经过各项检测之后，判断张先生的比亚迪 E5 电动汽车动力蓄电池故障，确定需要对动力蓄电池进行更换。此时需要维修人员协助技术主管按照规范程序，从车上拆下动力蓄电池，完成维修后，需要对动力蓄电池进行安装，并调试确认其工作状态正常。

【获取信息】

目前电动汽车一般均采用锂离子蓄电池作为其动力源。锂是最轻的金属元素，金属锂的密度只有水的一半，锂的电负性是所有金属中最强的，锂离子的还原电位高达 –3V。锂作为蓄电池的负极材料非常合适。充电时，锂离子从正极材料中脱嵌，经过隔膜和电解液嵌入到负极材料中，放电时过程相反。

一、磷酸铁锂离子蓄电池的工作原理

锂离子蓄电池的正极材料主要有钴酸锂、锰酸锂、镍酸锂、三元锂、磷酸铁锂等。磷酸铁锂离子蓄电池指用磷酸铁锂（LiFePO$_4$）作为正极材料，碳作为负极材料的锂离子蓄电池，其中间是聚乙烯或聚丙烯材料制成的隔膜板，蓄电池中部的上、下端间装有有机电解质，由有机溶剂和锂盐组成，对人体组织具有腐蚀性并且可燃，由金属外壳密封，如图2-19所示。

在磷酸铁锂蓄电池的晶体结构中，氧原子呈六方紧密堆积排列。图2-20所示为磷酸铁锂蓄电池的内部结构示意图，锂离子（Li$^+$）可以通过隔膜板而电子不能通过，右边是由碳（石墨）组成的蓄电池负极，由铜箔与蓄电池的负极连接。蓄电池的上、下端之间是蓄电池的电解液，蓄电池由金属外壳密闭封装。

磷酸铁锂蓄电池在充电时，正极中的锂离子通过聚合物隔膜向负极迁移（称为脱嵌），其化学方程式为

$$LiFePO_4 - xLi^+ - xe \rightarrow xFePO_4 + (1-x)LiFePO_4$$

在放电过程中，负极中的锂离子通过隔膜向正极迁移（称为嵌入），其化学方程式为

$$FePO_4 + xLi^+ + xe \rightarrow xLiFePO_4 + (1-x)FePO_4$$

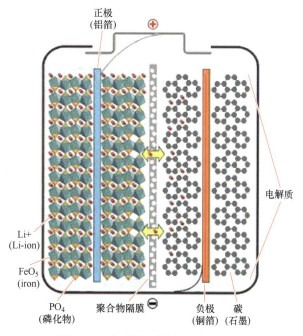

图2-19 磷酸铁锂蓄电池内部结构图

图2-20 磷酸铁锂蓄电池的内部结构示意图

磷酸铁锂单体蓄电池额定工作电压为3.2V，约为同等条件下镍氢蓄电池、镍镉蓄电池的3倍。磷酸铁锂蓄电池无记忆效应，当电动汽车在使用过程中，发现电量较少时均能随时充电，不影响蓄电池的性能，不要求100%放完电后才充电，极大地方便了驾驶人的使用。磷酸铁锂蓄电池循环寿命长，一般蓄电池在正常使用情况下，深度循环寿命为500~800次，而磷酸铁锂蓄电池的1C放电循环寿命可高达2000次。

比亚迪e5电动汽车的动力蓄电池采用磷酸铁锂离子蓄电池，由标称电压3.2V的单体蓄电池组成，充电终止时的最高电压为3.6V，放电截止电压为2.0V。比亚迪e5电动汽车的动力蓄电池由13个蓄电池组串联组成，额定总电压为653.4V，总电量为42.47kWh。蓄

电池组高压接口在 1# 蓄电池组负极、13# 蓄电池组正极，13# 蓄电池组在 1# 蓄电池组的上层，12# 蓄电池组在 11# 蓄电池组的上层，6#、7#、8# 蓄电池组分别在 5#、4#、9# 蓄电池组的上层，如图 2-21 所示。

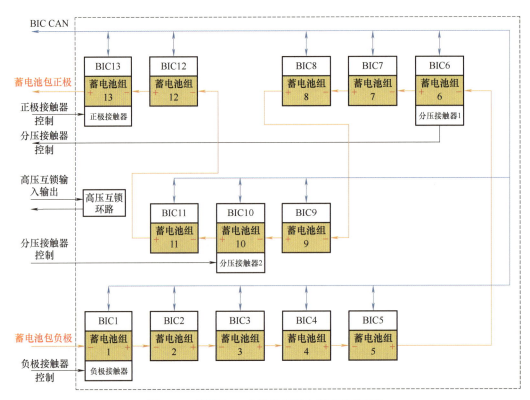

图 2-21 比亚迪 e5 电动汽车动力蓄电池的结构

头脑风暴：

动力蓄电池的工作原理与传统车辆蓄电池的工作原理有何区别？

知识拓展

刀片形蓄电池

刀片形蓄电池形状和传统磷酸铁锂离子蓄电池的造型截然不同。传统蓄电池系统是先把单体蓄电池组装成蓄电池组，再把蓄电池组安装到蓄电池系统里面，进行分级管理。由蓄电池组的机械结构对单体蓄电池起到支撑、固定和保护的作用，再由蓄电池系统对蓄电池组起到支撑、固定和保护的作用。图 2-22 所示为刀片形蓄电池的结构。

刀片形蓄电池是一种全新的设计理念，刀片形蓄电池将单体蓄电池"扁平化"处理，长而薄的形状酷似刀片，因此得名刀片形蓄电池。在采用长单体蓄电池的同时，省去了中间蓄电池组环节，直接把单体蓄电池装到蓄电池系统里面。这样重量和成本都有效下降，同时借鉴了蜂窝铝板的原理，通过结构胶把单体蓄电池固定在两层铝板之间，让单体蓄电池本身充当结构件，来增加整个系统的强度。通过增大单体蓄电池长度、减少单体蓄电池结构冗余设计和单体蓄电池数量，能够有效地提高单体蓄电池的体积能量密度和蓄电池包的体积能量密度，以此提高车辆的续航里程。比亚迪专利中公布的数据，不同单体蓄电池长度与蓄电池包能量密度的关系，可以明显地发现，单体蓄电池长度从 208mm 增加至 435mm 时，能量密度没什么变化，但是长度增加至 945mm 时，能量密度提升了 10%。图 2-23 所示为刀片形蓄电池与普通蓄电池外形的对比。

图 2-22 刀片形蓄电池的结构

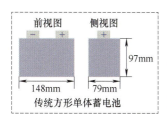 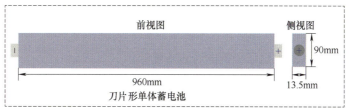

图 2-23 刀片形蓄电池与普通蓄电池外形的对比

刀片形单体蓄电池散热性能好。蓄电池对温度特别敏感，也是制约蓄电池快充时间的主要原因，所以散热对单体蓄电池是一项很重要的指标。刀片形蓄电池具有较大的散热面和较薄的厚度，所以刀片形单体蓄电池的散热性能较好。

二、磷酸铁锂离子蓄电池的装调及测试

动力蓄电池具有高电压特点，危险系数高，在维修过程中更应规范操作以确保人身安全。下面以比亚迪 E5 电动汽车为例进行拆卸、测试、装配与验证工作，如其他车辆更换动力蓄电池，以下部分内容可作为参考。

1. 磷酸铁锂离子蓄电池的拆卸

1）准备好磷酸铁锂离子蓄电池拆卸专用及通用工具各 1 套。

2）将作业区域做好相应隔离、防护工作。

3）将起动开关置于 OFF 档，断开辅助蓄电池负极连接后，拔出维修开关，等待 5min。

4）使用万用表检测确定高压系统断电后，用举升机将整车升起到合适的高度。

5）使用专用的举升设备托住蓄电池包。

6）佩戴绝缘手套，拔掉连接蓄电池包的低压及高压插头，拔掉冷却液管路插头。

7）使用 M18 的套筒卸掉托盘周边紧固件，卸下动力蓄电池。

8）佩戴绝缘手套，用万用表测试更新的动力蓄电池是否有电压输出。

2. 磷酸铁锂离子蓄电池的测试

动力蓄电池在出厂时需要进行大量的安全、使用寿命以及性能等试验，经试验合格后的产品才能正常投放市场，实际装车前及装车后，装调技术人员仍需进行相应测试。

(1) 测量仪器

电压测量装置：用于测量动力蓄电池的电压。

尺寸测量装置：用于测量动力蓄电池的外形及安装尺寸。

质量测量装置：用于测量动力蓄电池的质量。

绝缘电阻表：用于测量动力蓄电池的绝缘性能。

(2) 外观检查　在良好的光线条件下，用目测法检查动力蓄电池的外观，确保外观完好，无损伤。

(3) 极性测量　用电压表检测动力蓄电池的极性。

(4) 外形尺寸及质量　用尺寸及质量测量装置测定动力蓄电池的外形尺寸及质量。

(5) 动力蓄电池绝缘试验　动力蓄电池在装车前需进行绝缘性试验，以确保装车的动力蓄电池绝缘性能良好。测量时，必须佩戴绝缘手套，尽可能使用单手测量。

3. 磷酸铁锂离子蓄电池的装配

检测并确认动力蓄电池正常且正确组装后，才能正常使用。

1) 佩戴绝缘手套，将新的动力蓄电池放到蓄电池包升降平台上，将动力蓄电池举升到合适的位置。

2) 佩戴绝缘手套，安装托盘的紧固件，力矩为 135N·m。

3) 佩戴绝缘手套，连接动力蓄电池的低压及高压插接器，连接冷却液管路接头。

4) 上电检测蓄电池系统问题是否解决，若无问题，组装作业结束。

4. 磷酸铁锂离子蓄电池的容量标定

比亚迪 E5 电动汽车更换动力蓄电池或蓄电池管理器时，必须使用诊断设备在 BMS 中写入该蓄电池包的实际容量及 SOC，否则将引起行驶掉电快、SOC 跳变等问题。

直击市场

自 2020 年下半年以来，我国新能源汽车市场一直保持高速增长。2021 年，我国新能源汽车销售 352.1 万辆，同比增长 1.6 倍，连续 7 年位居全球第一。欧美市场方面，2021 年欧洲新能源汽车销量突破 227 万辆，同比增长 66.4%。预计 2022 年欧洲新能源汽车销量有望达到 300 万辆，同比增速将达到 46%，对应全年渗透率为 30%，而 2025 年销售量预计将达到 600 万辆，对应渗透率为 52%。2021 年，美国新能源汽车的销量为 65.2 万辆，同比增长 101%。2020—2025 年全球新能源汽车销量年复合增速有望达 40% 以上。

随着新能源汽车市场持续高景气，销量高速增长，动力蓄电池装机量也高速增长。2021 年 1—5 月全球动力蓄电池装机量 88.4GWh，同比增长 260%。中国动力蓄电池装机量 41.4GWh，同比增长 223.9%。到 2023 年，全球电动车对动力蓄电池的需求将达 406GWH，而动力蓄电池供应预计为 335GWH，缺口约 18%。到 2025 年，这一缺口将扩大到约 40%。

一方面是动力蓄电池需求缺口大，另一方面，动力蓄电池大量使用后的回收问题也亟需解决。国家发展和改革委员会发布的《"十四五"循环经济发展规划》中指出将要推动废旧动力蓄电池循环利用，加强新能源汽车动力蓄电池溯源管理平台建设，完善新能源汽车动力蓄电池回收利用溯源管理体系。这意味着动力蓄电池的回收环节已经被放在了国家发展的层面。

磷酸铁锂离子蓄电池的整车装调与测试	学习任务单	班级： 姓名：

1. 蓄电池可将_____能转换成_____能。

2. 比亚迪 E5 车型 2017 款动力蓄电池为_____蓄电池，容量为_____Ah，电压为_____V。

3. 磷酸铁锂离子蓄电池单体电压为 3.2V，为了满足比亚迪 E5 汽车使用，需要对单体蓄电池进行_____增加电压和_____扩大容量。

A. 并联　　　　　　　　　　　　　B. 串联

4. 使用绝缘电阻表进行蓄电池组绝缘测量时，主要测量的是_____的电阻。

A. 动力蓄电池正、负极之间　　　　B. 动力蓄电池与车体之间

C. 动力蓄电池单体与外壳之间　　　D. 动力蓄电池外壳与车体之间

5. 对磷酸铁锂离子蓄电池特点描述错误的是_____。

A. 不含有毒金属　　　　　　　　　B. 耐过充性能差

C. 每一个蓄电池单体的额定电压为 1.2V　　D. 制造成本大

6. 使用绝缘电阻表进行绝缘测试时，可双手进行操作。（　　）

【任务实施】 磷酸铁锂离子蓄电池的整车装调与测试

实训器材

比亚迪 E5 电动汽车、故障诊断仪和维修手册等。

工具：绝缘工具套装、气动扳手、万用表、绝缘测试仪、照明灯、三角木、冷却液存放设备、抹布等。

安全防护用品：人员绝缘防护套装、车辆防护用品等。

作业准备

1）检查实训工位。

2）将绝缘防护用品、用具以及工具物品等在工位内摆放整齐。

3）做好人员、车辆防护。

【操作步骤】

一、前期检查

1）检查举升机，将车辆在工位停放周正，铺好车内和车外护套。

2）设置安全隔离，放置安全警示牌，如图 2-24 所示。

3）检查安全防护用品及测试仪器并调试，如图 2-25 所示，穿戴好个人安全防护用品。由于是带电作业，操作人员需持证上岗。

4）检查绝缘工具，如图 2-26 所示。

5）如图 2-27 所示，实施车辆防护。

扫一扫

2-1-2 磷酸铁锂离子蓄电池的整车装调

新能源汽车动力蓄电池及管理技术

图 2-24　安全警示牌

图 2-25　安全防护用品

图 2-26　绝缘工具

图 2-27　车辆防护

6）如图 2-28 所示，检查举升机是否正常且安全可靠。

7）如图 2-29 所示，检查动力蓄电池升降平台。

图 2-28　检查举升机

图 2-29　动力蓄电池升降平台

二、磷酸铁锂离子蓄电池的拆卸

磷酸铁锂离子蓄电池的拆卸步骤如下：

1）关闭起动开关，断开 12V 辅助蓄电池负极连接并做好负极线的相关防护措施，如图 2-30 所示。

2）打开中央扶手，拆卸维修开关紧固螺钉，戴好绝缘手套后拔出维修开关总成，如图 2-31 所示。

图 2-30　断开辅助蓄电池负极连接

图 2-31　拔出维修开关总成

3）戴好绝缘手套，等待 5min 后，拔出高压电控总成侧动力蓄电池正、负极母线进行验电，如图 2-32 所示用万用表测量正、负极母线电压，标准值为 0V，填写任务单才能进行下一步工作。

图 2-32　测量正、负极母线电压

4）使用举升机将车辆举升至合适位置后，推入蓄电池升降平台，调整蓄电池升降平台，使之稳固托住动力蓄电池底部后为下一步拆卸做准备，如图 2-33 所示。

5）如图 2-34 所示，拆卸冷却水管。

图 2-33　举升车辆调整蓄电池升降平台　　　　图 2-34　冷却水管拆卸

6）如图 2-35 所示，拆卸低压线束及高压线束插头。

图 2-35　拆卸低压及高压线束插头

7）如图 2-36 所示，使用 M18 套筒扳手拆卸掉蓄电池包托盘周边紧固件。

8)如图 2-37 所示放下动力蓄电池,检查动力蓄电池外观及铭牌。确认外观无异常的情况下,填写任务单,拆卸下来的动力蓄电池由专业检修人员做进一步检修。

三、动力蓄电池的绝缘测试

蓄电池系统是一个车载高压电气系统,为电动汽车提供电能的吸收、存储和供应,在电动汽车的起动、运行及停止的过程中都有可能发生安全问题。为保证蓄电池系统的安全运行,需要对蓄电池系统进行主动的监控、测试与防护。

图 2-36 拆卸蓄电池紧固件

图 2-37 检查蓄电池外观

动力蓄电池的绝缘测试步骤如下:

1)根据各接线端子外形特点,选择合适的测量表笔,由于单体蓄电池外壳干涉,普通鳄鱼夹无法夹持单体蓄电池,需要使用针型表笔,使用鳄鱼夹夹住公共端金属部分。图 2-38 所示为正确测量位置。

图 2-38 测量位置

2)如图 2-39 所示,设置绝缘电阻表量程。由于比亚迪 E5 磷酸铁锂离子蓄电池包电压为 633V,因此绝缘电阻表的输出电压规格必须大于该电压值,选择 1000V。

3)如图 2-40 所示,分别测量正、负极接线柱与外壳的绝缘电阻,绝缘电阻大于 20MΩ 为合格。将测量值填写记到任务单中。

图 2-39 设置绝缘电阻表

图 2-40 绝缘电阻测量及结果

四、动力蓄电池的组装

1）戴好绝缘手套，将检测合格的蓄电池包放到蓄电池升降平台上举升至合适高度，如图 2-41 所示。

2）如图 2-42 所示，使用工具做导向，配合使用蓄电池升降平台安装动力蓄电池紧固螺栓，紧固力矩为 135N·m。安装完成后移出蓄电池升降平台。

> **小提示：**
> 由于绝缘电阻表对被测品施加高压电，完成绝缘试验后，单体蓄电池端子仍带电，请勿立即用手触摸单体蓄电池端子，以免发生触电危险。应对被测品进行放电操作，方可进行后续工作。

图 2-41 动力蓄电池举升

3）佩戴绝缘手套，连接蓄电池包高压及低压插接器，如图 2-43 所示，填写任务单。

4）如图 2-44 所示，安装冷却水管。

5）如图 2-45 所示，连接高压母线。

6）连接蓄电池负极线，安装维修开关，如图 2-46 所示。

7）重新校定 SOC，上电确认车辆无故障，返修完毕。

8）加注冷却液至规定刻度线间，如图 2-47 所示，起动车辆并行驶 5km，待冷却液在系统内循环后再观察液位高度，如低于规定刻度线之间，则添加冷却液至规定刻度线间。若液位不下降，则更换完毕。

图 2-42 动力蓄电池紧固

图 2-43　连接高、低压插接器

图 2-44　安装冷却水管　　　　图 2-45　连接高压母线

图 2-46　安装维修开关，连接蓄电池负极

图 2-47　加注冷却液

五、竣工检验

1）起动车辆，确认仪表无故障显示。

2）用故障诊断仪再次读取故障码，确认动力蓄电池无故障码。

3）整理、恢复作业场地。

磷酸铁锂离子蓄电池的整车装调与测试	工作任务单	班级：
		姓名：

1. 车辆信息记录

品牌		整车型号		生产日期	
驱动电机型号		蓄电池电量		行驶里程	
车辆识别代号					

2. 作业场地准备

检查、设置隔离栏	□是 □否
检查、设置安全警示牌	□是 □否
检查灭火器压力、有效期	□是 □否
安装车辆挡块	□是 □否

3. 记录故障现象

4. 动力蓄电池拆卸

拔出高压安全开关后，等待 5min 以上	□是 □否
测量高压母线电压，确认电压为 0V	□是 □否
检查拆卸下来的蓄电池包，确认外观及铭牌是否完好	□是 □否

5. 动力蓄电池检测

外观检查是否异常	□是 □否
使用绝缘电阻表测量正极绝缘电阻值是否大于 20MΩ	□是 □否
使用绝缘电阻表测量正、负极绝缘电阻值是否大于 20MΩ	□是 □否

6. 动力蓄电池组装

按规定力矩拧紧螺栓（135N·m）	□是 □否
各插接器连接正常，卡扣恢复至正常位置	□是 □否
正确添加冷却液	□是 □否

7. 竣工检验

车辆是否正常上电	□是 □否
车辆上电后是否有故障提示	□是 □否

8. 作业场地恢复

拆卸车内三件套	□是 □否
拆卸翼子板布	□是 □否
将高压警示牌等放至原位置	□是 □否
清洁、整理场地	□是 □否

课证融通考评单		实习日期：
姓名：	班级：	学号：
自评：□熟练 □不熟练	互评：□熟练 □不熟练	师评：□合格 □不合格
日期：	日期：	日期：

磷酸铁锂离子蓄电池的整车装调与测试【评分细则】

序号	评分项	得分条件	分值	评分要求	自评	互评	师评
1	安全/7S/态度	□1. 能进行工位7S操作 □2. 能进行设备和工具安全检查 □3. 能进行车辆安全防护操作 □4. 能进行工具清洁、校准、存放操作 □5. 能进行三不落地操作	15	未完成1项扣2分	□熟练 □不熟练	□熟练 □不熟练	□合格 □不合格
2	专业技能能力	□1. 能正确地确认故障现象 □2. 能正确地测量辅助蓄电池电压 □3. 能规范地拆卸辅助蓄电池负极搭铁 □4. 能规范地拆卸高压维修开关 □5. 能正确地拆卸动力蓄电池 □6. 能确认动力蓄电池相关信息 □7. 能规范安装动力蓄电池 □8. 能规范使用扭力扳手紧固动力蓄电池	60	未完成1项扣7分	□熟练 □不熟练	□熟练 □不熟练	□合格 □不合格
3	工具及设备的使用能力	□1. 能正确地使用故障诊断仪 □2. 能正确地使用万用表 □3. 能正确地使用绝缘电阻表	10	未完成1项扣5分	□熟练 □不熟练	□熟练 □不熟练	□合格 □不合格
4	资料、信息查询能力	□1. 能正确地查询线束插接器端子含义 □2. 能正确地使用维修手册查询资料 □3. 能正确地记录查询资料章节及页码 □4. 能正确地记录所需维修信息	10	未完成1项扣3分，扣分不得超过10分	□熟练 □不熟练	□熟练 □不熟练	□合格 □不合格
5	表单填写报告的撰写能力	□1. 字迹清晰 □2. 语句通顺 □3. 无错别字 □4. 无涂改 □5. 无抄袭	5	未完成1项扣1分	□熟练 □不熟练	□熟练 □不熟练	□合格 □不合格

总分：
教师签名：

任务三　三元锂离子蓄电池的整车装调与测试

【学习目标】

知识目标：
1. 掌握三元锂离子蓄电池的结构与工作原理。
2. 掌握三元锂离子蓄电池整车装调与测试的注意事项。

技能目标：
1. 具有规范使用工具、量具拆装动力蓄电池的能力。
2. 具有使用仪表对蓄电池状态数据进行读取的能力。
3. 具有识别接插件端子并能进行电路测量的能力。

素质目标：
1. 在操作过程中树立高压安全操作意识。
2. 通过制订整车装调流程，具备分析问题、解决问题的能力。
3. 能在工作结束后按照 7S 管理规定整理、恢复作业场地，养成良好的工作习惯。

【任务描述】

一辆 2018 款吉利 EV450 电动汽车无法行驶，仪表中出现一个类似蓄电池形状的故障警告灯，经维修技师检测发现蓄电池组中有个别单体蓄电池 SOC 偏低，判断为蓄电池系统故障。通过查询维修手册，吉利 EV450 电动汽车使用的动力蓄电池类型为三元锂离子蓄电池。请根据该故障现象制订一份动力蓄电池更换方案。

【获取信息】

一、三元锂离子蓄电池的结构与工作原理

三元锂离子蓄电池全称是三元聚合物锂离子蓄电池，三元是指 Ni、Co、Mn 3 种元

素，指使用镍钴锰酸锂三元正极材料的锂离子蓄电池，其中每一个元素都充分发挥着关键功效，另外每一个元素的特性都影响蓄电池的性能。在这 3 种元素中，Ni 和 Co 是特异性金属材料，Mn 不参加电化学反应。一般来说，特异性金属材料成分越高，蓄电池电量越大。但当 Ni 成分过高时，会使 Ni^{2+} 占据锂离子蓄电池的部位，加重正离子的混合，进而造成容积的减少。Co 是一种特异性金属材料，但它具有抑止正离子混合的功效，进而平稳原材料的片层构造。Mn 做为一种非特异性金属材料，在提升安全系数层面起着可靠性的功效。

一般三元锂离子蓄电池的类别是根据蓄电池的"正极材料"划分的，还可以根据外形、外包材料、电解液来划分蓄电池类别。

三元锂离子蓄电池是一种二次蓄电池（充电蓄电池），主要依靠锂离子在正、负极之间的往返嵌入和脱嵌来工作，实现能量的存储和释放。

1. 充电过程

在电场的驱动下，锂离子从正极晶格中脱出，经过电解质，嵌入到负极晶格中。

充电开始时，应先检测待充电蓄电池的电压。如果电压低于 3V，要先进行预充电，充电电流为设定电流的 1/10，一般选 0.05C 左右。电压升到 3V 后，进入标准充电过程。标准充电过程为以设定电流进行恒流充电，蓄电池电压升到 4.20V 时，改为恒压充电，保持充电电压为 4.20V。此时，充电电流逐渐下降，当电流下降至设定充电电流的 1/10 时，充电结束。

2. 放电过程

放电过程与充电过程正好相反，锂离子返回正极，电子通过用电器由外电路到达正极与锂离子复合。蓄电池放电，此时负极上的电子通过外部电路跑到正极上，正锂离子（Li^+）从负极"跳进"电解液里，"爬过"隔膜上弯弯曲曲的小洞，"游泳"到达正极，与早就跑过来的电子结合在一起。

三元锂离子蓄电池的优点是比能量高，这代表着相同容积、净重、安时的充电蓄电池中，三元锂离子蓄电池的续航能力更强；其缺点是安全性能、耐高温性能、使用寿命以及大功率放电性能差，其元素有毒不环保。目前市场在售车型中特斯拉、小鹏、蔚来、吉利 EV450 都使用了三元锂离子蓄电池。下面三元锂离子蓄电池的装调与测试均以吉利 EV450 为例进行介绍。

二、三元锂离子蓄电池的拆装流程

1. 三元锂离子蓄电池的拆卸流程

1）操作起动开关使电源模式至 OFF 状态。

2）断开蓄电池负极电缆，并注意对蓄电池负极进行绝缘保护，等待 5min。

3）佩戴绝缘防护装备，断开直流母线。用万用表测量直流母线端正、负极电压，应低于 1V。

4）将车辆用举升机举起。注意：支撑点不要支撑在动力蓄电池上。

5）置入平台车，使用平台车支撑动力蓄电池总成。

6）拆卸动力蓄电池总成：

① 断开动力蓄电池出水管与水泵（蓄电池）的连接，用容器接住冷却液。

② 断开动力蓄电池进水管与蓄电池膨胀壶的连接，用容器接住冷却液。

③ 断开动力蓄电池的两个高压线束插接器。

④ 断开动力蓄电池与前机舱线束的两个低压线束插接器。

⑤ 拆卸动力蓄电池搭铁线固定螺栓。

⑥ 拆卸动力蓄电池防撞梁4个固定螺栓。

⑦ 拆卸动力蓄电池总成后部3个固定螺栓。

⑧ 拆卸动力蓄电池总成前部两个固定螺栓。

⑨ 拆卸动力蓄电池总成左、右各7个固定螺栓。

⑩ 缓慢下降平台车，取出动力蓄电池总成。

注意：动力蓄电池下降过程中，平台车缓慢向前移动，可以避免动力蓄电池与后悬架的干涉。

头脑风暴：

查阅资料，了解关于动力蓄电池运输、存储及报废的相关规定。

2. 三元锂离子蓄电池的安装流程

1）在动力蓄电池安装前进行绝缘性检测。

2）对动力蓄电池进行气密性检测。

3）上述两项检测合格后，安装动力蓄电池总成，具体步骤如下：

① 缓慢举升平台车，调整平台车位置，使动力蓄电池总成上的安装孔与车身对齐。

注意：动力蓄电池上升过程中将举升平台缓慢向后移动，可以避免动力蓄电池与车身的干涉。

② 安装并紧固动力蓄电池总成后部3个固定螺栓，规定紧固力矩为78N·m。

③ 安装并紧固动力蓄电池总成前部两个固定螺栓，规定紧固力矩为78N·m。

④ 安装并紧固动力蓄电池总成左、右各7个固定螺栓，规定紧固力矩为78N·m。

⑤ 连接动力蓄电池与前机舱线束的两个线束插接器。

⑥ 连接动力蓄电池的两个高压线束插接器。注意：插接时注意"一插、二响、三确认"。

⑦ 按规定力矩（9N·m）安装动力蓄电池搭铁线固定螺栓。

⑧ 连接动力蓄电池出水管与水泵（蓄电池）。注意：插接时注意"一插、二响、三确认"。

⑨ 连接动力蓄电池进水管与蓄电池膨胀壶。注意：插接时注意"一插、二响、三确认"。

4）连接直流母线与车载充电机端插件。

5）连接蓄电池负极电缆。

6）补充蓄电池膨胀壶冷却液。

7）打开起动开关，执行排气操作，缓慢加注冷却液直至液位达到上、下刻度线之间，且液位不再下降。

8）关闭机舱盖。

9）对更换的蓄电池包进行充电。充满电后，如果车辆仪表显示 SOC 剩余电量为 100%，则无须标定，如果 SOC 不是 100%，则需要联系吉利 EV450 蓄电池供货厂家（宁德时代），使用专用诊断设备上门对车辆进行标定。

三、三元锂离子蓄电池整车装调与测量的基础

吉利 EV450 电动汽车在更换动力蓄电池前，要先进行高压下电，经过验电后才可以进行动力蓄电池的更换操作。下面先对动力蓄电池上的低压插座和高压插座进行简单介绍。

1. 动力蓄电池低压插座

动力蓄电池上有两个低压插座（CA69 和 CA70），电路图中的辅助蓄电池线束插接器和动力蓄电池上的插座针脚是镜像的，测量时一定要看清针脚号，如图 2-48 和图 2-49 所示。

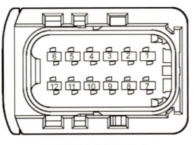
a）辅助蓄电池线束插接器

b）动力蓄电池低压插座 CA69

图 2-48　蓄电池线束插接器 CA69

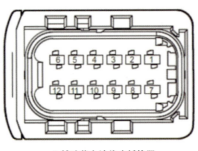
a）辅助蓄电池线束插接器

b）动力蓄电池低压插座 CA70

图 2-49　蓄电池线束插接器 CA70

2. 动力蓄电池高压插座

动力蓄电池上有两个高压插座——高压正、负极母线插座和快充插座，如图 2-50 所示。

a) 高压正、负极母线插座　　　　　　　b) 快充插座

图 2-50　动力蓄电池高压插座

四、三元锂离子蓄电池诊断数据流列表

在更换动力蓄电池后，应对 SOC 进行检测或标定，然后使用诊断仪对新动力蓄电池的数据流进行检测，符合主机厂规定后才可交付给客户。吉利 EV450 动力蓄电池的正常数据流见表 2-1。

表 2-1　吉利 EV450 动力蓄电池的正常数据流

项目	正常范围	单位
Battery Voltage（蓄电池包电压）	0~600	V
Bus Voltage（母线电压）	0~600	V
Battery Current（母线电流）	−500~500	A
Cell TemMax（单体最高温度）	−40~125	℃
Cell TemMax_Num（单体最高温度位置）	1~34	NA
Cell TemMin（单体最低温度）	−40~125	℃
Cell TemMin_Num（单体最低温度位置）	1~34	NA
Cell TemAvg（平均温度）	−40~125	℃
Cell VolMin（单体最低电压）	0~5000	mV
Cell VolMin_Num（单体最低电压位置）	1~95	NA
Cell VolMax（单体最高电压）	0~5000	mV
Cell VolMax_Num（单体最高电压位置）	1~95	NA
SOH（健康状态）	0~100	%
Main HVILSt（主回路高压互锁状态）	0~3	NA
Fast ChgHVLst（快充回路高压互锁状态）	0~3	NA
HVIL1 VolOutside（主回路高压互锁外侧电压）	0~5000	mV
HVIL1 VolInside（主回路高压互锁内侧电压）	0~5000	mV
HVIL2 VolOutside（快充回路高压互锁外侧电压）	0~5000	mV
HVIL2 VolInside（快充回路高压互锁内侧电压）	0~5000	mV
Iso ResPos（正极绝缘值）	0~65534	kΩ
Iso ResNeg（负极绝缘值）	0~65534	kΩ
Supply Vol（供电电源电压）	0~12000	mV

知识拓展

吉利 EV450 电动汽车的蓄电池供货商是宁德时代（CATL）

2021年1月，宁德时代动力蓄电池供货量在全国排名居首，为 4.3GWh，相比去年增长了 166%，市场份额占比达到 31.2%。比亚迪尽管只提供了 1.2GWh 的电量，但相比去年同期实现了接近 4 倍的增长，市场份额占比达到 8.9%。

宁德时代新能源科技股份有限公司成立于 2011 年，是国内率先具备国际竞争力的动力蓄电池制造商之一，专注于新能源汽车蓄电池系统、储能系统的研发、生产和销售，致力于为全球新能源应用提供一流解决方案，核心技术在动力和储能蓄电池领域，包括材料、单体

蓄电池、蓄电池系统、蓄电池回收二次利用等全产业链研发及制造能力。2017 年，该公司锂离子蓄电池出货量全球遥遥领先，达到 11.84GWh。已与国内多家主流车企建立合作关系，并成功在全球市场上占据一席之地，也成为国内率先进入国际顶尖车企供应链的锂离子动力蓄电池制造商。2019 年，宁德时代上榜《财富》中国 500 强，位列 290 位。2019 年 6 月 11 日，宁德时代入选 "2019 福布斯中国最具创新力企业榜"。2019 年 12 月，宁德时代新能源科技股份有限公司入选 2019 中国品牌强国盛典榜样 100 品牌。

直击现场

动力蓄电池拆卸过程中，维修人员必须持证上岗，必须严格按照维修手册流程操作，严禁带电操作，高压操作时必须穿戴好绝缘防护用品，安全用电。涉及高压部件操作时，一定要一人监督，一人操作，以防高压事故发生。

三元锂离子蓄电池的整车装调与测试	学习任务单	班级： 姓名：

1. 三元锂离子蓄电池主要由_____、_____、_____ 3 种元素构成。

2. 三元锂离子蓄电池是一种_____蓄电池，主要依靠_____在正、负极之间的往返嵌入和脱嵌来工作，实现能量的存储和释放。

3. 以下蓄电池中不作为电动汽车动力蓄电池的是（　　）。
   A. 铅酸蓄电池　　　　　　　　B. 锂离子蓄电池
   C. 镍氢蓄电池　　　　　　　　D. 锌银蓄电池

4. （　　）蓄电池性能比较高，可以快速充电、高功率放电、能量密度高，且循环寿命长，但高温下安全性能差。
   A. 镍氢蓄电池　　　　　　　　B. 锂离子蓄电池
   C. 铅酸蓄电池　　　　　　　　D. 锌银蓄电池

5. 动力蓄电池的能量储存与输出都需要模块来进行管理，即蓄电池能量管理模块，也称为蓄电池管理系统（　　）。
   A. BBC　　　　B. ABS　　　　C. BMS　　　　D. EPS

6. 蓄电池管理系统是什么？
   _____
   _____

项目二 动力蓄电池的装调与测试

【任务实施】 **三元锂离子蓄电池的整车装调与测试**

三元锂离子蓄电池的整车装调与测试操作步骤以吉利 EV450 电动汽车为例进行讲解。

实训器材

吉利 EV450 电动汽车、故障诊断仪、常用工具和维修手册等。

工具：绝缘工具套装、气动扳手、万用表、绝缘表、照明灯、三角木、冷却液存放设备、抹布等。

安全防护用品：人员防护套装、车辆防护套装等。

作业准备

1. 检查实训工位。
2. 将绝缘防护用品、工具物品等在工位内摆放整齐。
3. 做好人员、车辆防护。

扫一扫

2-1-3 三元锂离子蓄电池的整车装调

【操作步骤】

一、三元锂离子蓄电池的拆卸

1) 维修场地外围拉警示线，设置警示牌，维修人员穿戴绝缘护具，检查绝缘垫绝缘性能。

2) 操作起动开关使电源模式至 OFF 状态。

3) 断开蓄电池负极电缆并对蓄电池负极进行绝缘保护，如图 2-51 所示，等待 5min。

4) 佩戴绝缘防护装备，断开直流母线。用万用表测量直流母线端正、负极电压进行验电，如图 2-52 所示，此电压值应低于 1V。

图 2-51 蓄电池负极绝缘保护

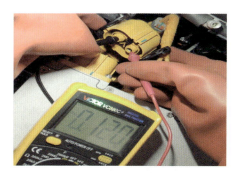

图 2-52 验电

5) 将车辆用举升机举起，如图 2-53 所示。注意：支撑点不要支撑在动力蓄电池上。

6) 置入平台车，使用平台车支撑动力蓄电池总成，如图 2-54 所示。

7) 拆卸防撞梁，如图 2-55 所示。

8) 拆卸动力蓄电池下护板，如图 2-56 所示。

9) 断开动力蓄电池上的低压线束，如图 2-57 所示。

图 2-53　将车辆用举升机举起

图 2-54　使用平台车支撑动力蓄电池总成

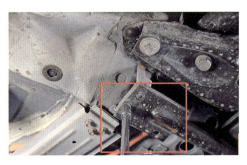
图 2-55　拆卸防撞梁

图 2-56　拆卸动力蓄电池下护板

图 2-57　断开低压线束

10）断开直流充电和直流母线高压插接器，如图 2-58 所示。

11）拆卸动力蓄电池低压搭铁线，如图 2-59 所示。

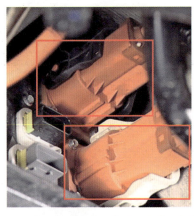
图 2-58　断开直流充电和直流母线高压插接器

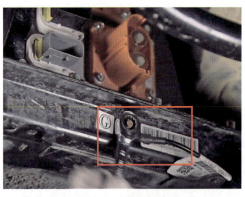
图 2-59　拆卸动力蓄电池低压搭铁线

12)断开动力蓄电池进水管和出水管的连接。

① 断开动力蓄电池出水管与水泵（蓄电池）的连接，用容器接住冷却液。

② 断开动力蓄电池进水管与蓄电池膨胀壶的连接，用容器接住冷却液，如图 2-60 所示。

13）拆卸动力蓄电池固定螺栓。

14）缓慢降下举升平台，如图 2-61 所示，取出动力蓄电池总成。

图 2-60　断开动力蓄电池与进、出水管的连接

图 2-61　降下举升平台

二、三元锂离子蓄电池的安装

1）对新蓄电池包进行绝缘性和密闭性检测（一般厂家已检测且合格）。

2）安装动力蓄电池总成，缓慢升起蓄电池平台，使动力蓄电池总成上的安装孔与车身上的对齐，安装总成固定螺栓，按维修手册标准力矩（78N·M）紧固，如图 2-62 所示。

图 2-62　安装动力蓄电池总成和总成固定螺栓

3）缓慢降下举升平台并取出平台。

4）安装低压搭铁线固定螺栓，如图 2-63 所示，力矩为（10N·M）。

5）连接动力蓄电池进水管、出水管。

6）连接蓄电池包低压线束插接器和高压线束插接器，如图 2-64 所示。

7）安装动力蓄电池下护板。

8）安装动力蓄电池前部防撞梁，如图 2-65 所示。

9）安装蓄电池负极电缆。

10）补充膨胀壶冷却液并执行排气操作，具体步骤如下：

① 连接散热器出水管。

图 2-63　安装低压搭铁线

图 2-64　安装高、低压线束插接器

图 2-65　安装动力蓄电池前部防撞梁

② 管路检查：确保冷却管路连接完整。

③ 静态加注：将车辆起动至 ON 档且非充电状态，连接诊断仪，选择 FE-3ZA 车型—手工选择系统—空调控制器（AC）—特殊功能，选择加注初始化，车辆处于加注初始化状态，如图 2-66 所示。

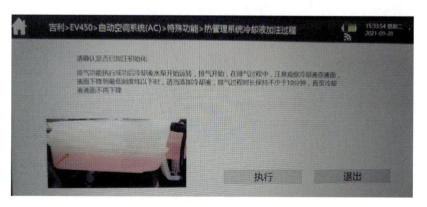

图 2-66　利用诊断仪进行静态加注

④ 拧开膨胀壶盖，缓慢加注冷却液，直至膨胀壶内冷却液量达到 80% 左右，且液位不再下降（注意：动力蓄电池的冷却液需选用冰点不大于 40℃ 的冷却液）。

⑤ 系统排气：控制诊断仪，使车辆处于排气状态，如果液位下降及时补充冷却液，排气过程时长不短于 10min，如图 2-67 所示。

⑥ 若膨胀壶内冷却液下降，及时补充冷却液，保持冷却液液位处于 MAX 线和 MIN

线之间。

⑦ 加注完成：拧紧膨胀壶盖。控制诊断仪，使车辆恢复默认模式。

三、三元锂离子蓄电池的绝缘测试

1）绝缘测试仪选择电压：1000V。

2）测量蓄电池包总正端子与蓄电池壳体间电阻，如图 2-68 所示，标准值≥ 20MΩ。

图 2-67 补充冷却液、系统排气

3）测量蓄电池包总负端子与蓄电池壳体间电阻，如图 2-69 所示，标准值：≥ 20MΩ。

图 2-68 蓄电池包总正端子绝缘性测量

图 2-69 蓄电池包总负端子绝缘性测量

四、竣工检验

1）打开起动开关起动车辆，检查仪表信息是否正常，如图 2-70 所示。

图 2-70 检查仪表信息

2）用故障诊断仪读取故障码，确认无故障码。

3）整理、恢复作业场地。

三元锂离子蓄电池的整车装调与测试		工作任务单		班级：	
				姓名：	

1. 车辆信息记录

品牌		整车型号		生产日期	
驱动电机型号		蓄电池电量		行驶里程	
车辆识别代号					

2. 作业场地准备

检查、设置隔离栏	□是 □否
检查、设置安全警示牌	□是 □否
检查灭火器压力、有效期	□是 □否
安装车辆挡块	□是 □否

3. 记录动力蓄电池拆装步骤

4. 记录检测数据

检测对象	检测条件	检测值	标准值	结果判断

5. 记录动力蓄电池数据流

6. 竣工检验

车辆是否正常上电	□是 □否
车辆是否正常切换档位	□是 □否

7. 作业场地恢复

拆卸车内三件套	□是 □否
拆卸翼子板布	□是 □否
将高压警示牌等放至原位置	□是 □否
清洁、整理场地	□是 □否

课证融通考评单				实习日期：			
姓名：		班级：			学号：		
自评：□熟练 □不熟练		互评：□熟练 □不熟练			师评：□合格 □不合格		
日期：		日期：			日期：		

三元锂离子蓄电池的整车装调与测试【评分细则】

序号	评分项	得分条件	分值	评分要求	自评	互评	师评
1	安全/7S/态度	□ 1. 能进行工位 7S 操作 □ 2. 能进行设备和工具安全检查 □ 3. 能进行车辆安全防护操作 □ 4. 能进行工具清洁、校准、存放操作 □ 5. 能进行三不落地操作	15	未完成 1 项扣 3 分	□熟练 □不熟练	□熟练 □不熟练	□合格 □不合格
2	专业技能能力	□ 1. 能正确地做好高压安全防护 □ 2. 能正确地下电并验电 □ 3. 能正确地拆卸动力蓄电池 □ 4. 能正确地安装动力蓄电池 □ 5. 能正确地读取动力蓄电池数据流	50	未完成 1 项扣 10 分	□熟练 □不熟练	□熟练 □不熟练	□合格 □不合格
3	工具及设备的使用能力	□ 1. 能正确地使用故障诊断仪 □ 2. 能正确地使用万用表 □ 3. 能正确地使用工具	10	未完成 1 项扣 5 分，扣分不得超过 10 分	□熟练 □不熟练	□熟练 □不熟练	□合格 □不合格
4	资料、信息查询能力	□ 1. 能正确地查询线束插接器端子含义 □ 2. 能正确地使用维修手册查询资料 □ 3. 能正确地记录查询资料章节及页码 □ 4. 能正确地记录所需维修信息	10	未完成 1 项扣 3 分，扣分不得超过 10 分	□熟练 □不熟练	□熟练 □不熟练	□合格 □不合格
5	数据判断和分析能力	□ 1. 能根据验电数据判断下电是否成功 □ 2. 能判断动力蓄电池数据流是否正常 □ 3. 能按照维修手册紧固蓄电池固定螺栓	10	未完成 1 项扣 3 分	□熟练 □不熟练	□熟练 □不熟练	□合格 □不合格
6	表单填写报告的撰写能力	□ 1. 字迹清晰 □ 2. 语句通顺 □ 3. 无错别字 □ 4. 无涂改 □ 5. 无抄袭	5	未完成 1 项扣 1 分	□熟练 □不熟练	□熟练 □不熟练	□合格 □不合格

总分：
教师签名：

任务四　氢燃料电池的整车装调与测试

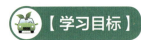【学习目标】

知识目标：

1. 了解燃料电池的定义。
2. 了解燃料电池的结构和工作原理。
3. 了解氢燃料电池整车装调与测试的注意事项。

技能目标：

1. 具有识别燃料电池在车上位置的能力。
2. 具有区分氢燃料电池汽车主要部件的能力。
3. 具有规范、安全地在整车上拆解氢燃料电池的能力。

素质目标：

1. 在操作过程中树立高压安全意识。
2. 养成理论联系实际，根据技术标准分析问题、解决问题的能力。
3. 能在工作结束后按照 7S 管理规定整理、恢复作业场地，养成良好的工作习惯。

【任务描述】

燃料电池汽车具有零排放、零油耗的优点，被越来越多的汽车厂商所青睐。作为新能源汽车专业维修人员，需要熟悉氢燃料电池的结构特点和工作原理，能区分氢燃料电池汽车的主要部件。

【获取信息】

一、燃料电池

燃料电池是一种把燃料所具有的化学能直接转换成电能的装置，又称电化学发电器。

它是继水力发电、热能发电和原子能发电之后的第 4 种发电技术。由于燃料电池是通过电化学反应把燃料化学能中的吉布斯自由能部分转换成电能，不受卡诺循环效应的限制，效率很高。另外，燃料电池用燃料和氧气作为原料，同时没有机械传动部件，故没有噪声污染，排放出的有害气体极少。由此可见，从节约能源和保护生态环境的角度来看，燃料电池是最有发展前途的发电技术。

二、燃料电池的组成

> **想一想：**
> 燃料电池汽车与纯电动汽车的区别是什么？

燃料电池的主要构成组件有电极、电解质隔膜与集电器等。

1. 电极

燃料电池的电极是燃料发生氧化反应与氧化剂发生还原反应的电化学反应场所，其性能的好坏关键在于触媒的性能、电极的材料与电极的制程等。

电极的结构与一般蓄电池的平板电极不同之处在于燃料电池的电极为多孔结构，设计成多孔结构的主要原因是燃料电池所使用的燃料及氧化剂大多为气体（例如氧气、氢气等），而气体在电解质中的溶解度并不高，为了提高燃料电池的实际工作电流密度与降低极化作用，发展出了多孔结构的电极，以增加参与反应的电极表面积，而这也是燃料电池能从理论研究阶段步入实用化阶段的关键原因之一。

目前高温燃料电池的电极主要以触媒材料制成，例如固态氧化物燃料电池（简称 SOFC）的 Y_2O_3-Stabilized-ZrO_2（简称 YSZ）及熔融碳酸盐燃料电池（简称 MCFC）的氧化镍电极等；低温燃料电池则主要由气体扩散层支撑一薄层触媒材料构成，例如磷酸燃料电池（简称 PAFC）与质子交换膜燃料电池（简称 PEMFC）的白金电极等。

2. 电解质隔膜

电解质隔膜的主要功能是分隔氧化剂与还原剂并传导离子，故电解质隔膜越薄越好，但也需顾及强度。就现阶段的技术而言，其厚度一般在数十毫米至数百毫米。其材质目前主要朝两个方向发展，其一是先以石棉膜、碳化硅（SiC）膜、铝酸锂（$LiAlO_3$）膜等绝缘材料制成多孔隔膜，再浸入熔融锂-钾碳酸盐、氢氧化钾与磷酸等中，使其附着在隔膜孔内；另一种则是采用全氟磺酸树脂（如 PEMFC）及 YSZ（如 SOFC）。

3. 集电器

集电器又称作双极板，具有收集电流，分隔氧化剂与还原剂、疏导反应气体等功用。集电器的性能主要取决于其材料特性、流场设计及加工技术。

三、燃料电池的工作原理

燃料电池是一种电化学装置，其组成与一般蓄电池相同，其单体蓄电池由正、负两个电极（负极即燃料电极，正极即氧化剂电极）以及电解质组成；不同的是一般蓄电池的活性物质储存在蓄电池内部，因此限制了蓄电池容量，而燃料电池的正、负极本身不包含活性物质，只是个催化转换元件，因此燃料电池是名副其实的把化学能转化为电能的能量转换机器。燃料电池工作时，燃料和氧化剂由外部供给，进行反应，理论上只要反应物不断输入，反应产物不断排出，燃料电池就能连续地发电。这里以氢-氧燃料电池为例来说明。氢-氧燃料电池的反应原理是电解水的逆过程，其电极反应为

负极：$H_2+2OH^- \rightarrow 2H_2O+2e$

正极：$\frac{1}{2}O_2+H_2O+2e \rightarrow 2OH^-$

蓄电池反应：$H_2+\frac{1}{2}O_2=H_2O$

另外，只有燃料电池本体还不能工作，必须有一套相应的辅助系统，包括反应剂供给系统、排热系统、排水系统、电性能控制系统及安全装置等。

在实用的燃料电池中，因工作的电解质不同，经过电解质与反应相关的离子种类也不同。PAFC 和 PEMFC 反应中与氢离子（H^+）相关，发生的反应为

燃料极：$H_2=2H^++2e$

空气极：$2H^++\frac{1}{2}O_2+2e=H_2O$

总反应：$H_2+\frac{1}{2}O_2=H_2O$

在燃料电极中，供给的燃料气体中的 H_2 分解成 H^+ 和 e，H^+ 移动到电解质中与空气电极侧供给的 O_2 发生反应。e 经由外部的负荷回路返回到空气电极侧，参与空气电极侧的反应。从上式可以看出，由 H_2 和 O_2 生成 H_2O，H_2 所具有的化学能转变成了电能，但实际上，伴随着电极的反应存在一定的电阻，会产生部分热能，由此减少了转换成电能的能量。引起这些反应的一组蓄电池称为组件，产生的电压通常低于1V。为了获得较高的电压，需采用组件多层叠加的办法获得高电压堆。组件间的电气连接以及燃料气体和空气之间的分离，采用了称为隔板、上下两面备有气体流路的部件。PAFC 和 PEMFC 的隔板均由碳材料组成。高电压堆的功率由总的电压和电流的乘积决定，电流与蓄电池中的反应面积成正比。

PAFC 的电解质为浓磷酸水溶液，而 PEMFC 的电解质为质子导电性聚合物系的膜，电极均采用碳的多孔体。为了促进反应，以 Pt 作为触媒，但会造成燃料气体的 CO 中毒，降低电极性能。为此，在 PAFC 和 PEMFC 应用中必须限制燃料气体中含有的 CO 量，特别是对于低温工作的 PEMFC 更应严格地加以限制。

磷酸燃料电池的基本组成和反应原理：燃料气体或城市煤气添加水蒸气后送到改质器，把燃料转化成 H_2、CO 和水蒸气的混合物，CO 和水进一步在移位反应器中经触媒剂转化成 H_2 和 CO_2。经过如此处理后的燃料气体进入燃料堆的负极（燃料电极），同时将氧输送到燃料堆的正极（空气电极）进行化学反应，借助触媒剂的作用迅速产生电能和热能。

相对 PAFC 和 PEMFC，高温型燃料电池（MCFC 和 SOFC）不需要触媒，以 CO 为主要成分的媒气化气体可以直接作为燃料应用，而且具有易于循环发电等特点。

MCFC 包括电极反应相关的电解质（通常是为 Li 与 K 混合的碳酸盐）和上、下与其

相接的两块电极板（燃料电极与空气电极），以及两电极各自外侧流通燃料气体和氧化剂气体的气室、电极夹等，电解质在 MCFC 600~700℃的工作温度下为熔融状态的液体，形成离子导电体。电极为镍系的多孔质体，气室的形成采用抗蚀金属。

MCFC 的工作原理是，空气极的 O_2（空气）和 CO_2 与电子相结合，生成 CO_3^{2-}（碳酸离子），电解质将 CO_3^{2-} 移到燃料电极侧，与作为燃料供给的 H^+ 相结合，放出 e，同时生成 H_2O 和 CO_2。化学反应式如下：

燃料极：$H_2 + CO_3^{2-} = H_2O + CO_2 + 2e$

空气极：$CO_2 + \frac{1}{2}O_2 + 2e = CO_3^{2-}$

总反应：$H_2 + \frac{1}{2}O_2 = H_2O$

在这一反应中，e 与在 PAFC 中的情况一样，从燃料电极被放出，通过外部的回路返回到空气电极，由 e 在外部回路中不间断的流动实现了燃料电池发电。另外，MCFC 的最大特点是必须要有有助于反应的离子，因此供给的氧化剂气体中必须含有碳酸气体。并且在蓄电池内部填充触媒，从而将作为天然气主成分的 CH_4 在蓄电池内部改质。在燃料是煤气的情况下，其主成分 CO 和 H_2O 反应生成 H_2，因此，可以等价地将 CO 作为燃料来利用。为了获得更大的功率，隔板通常采用 Ni 和不锈钢来制作。

SOFC 是以陶瓷材料为主构成的，电解质通常采用 ZrO_2（氧化锆），它构成了 O^{2-} 的导电体 Y_2O_3（氧化钇），以作为稳定化的 YSZ（稳定化氧化锆）采用。电极中的燃料电极采用 Ni 与 YSZ 复合多孔体构成金属陶瓷，空气电极采用 $LaMnO_3$（氧化镧锰），隔板采用 $LaCrO_3$（氧化镧铬）。为了避免因蓄电池的形状不同，电解质之间热膨胀差造成裂纹等，开发了在较低温度下工作的 SOFC。燃料电池形状除了有同其他燃料电池一样的平板形外，还开发出了为避免应力集中的圆筒形。SOFC 的反应式如下：

燃料极：$H_2 + O^{2-} = H_2O + 2e$

空气极：$\frac{1}{2}O_2 + 2e = O^{2-}$

总反应：$H_2 + \frac{1}{2}O_2 = H_2O$

在燃料电极，H_2 经电解质而移动，与 O^{2-} 反应生成 H_2O 和 e。在空气电极，由 O_2 和 e 生成 O^{2-}。总反应同其他燃料电池一样，由 H_2 和 O_2 生成 H_2O。在 SOFC 中，因其属于高温工作型，在无其他触媒作用的情况下即可直接在内部将天然气主成分 CH_4 改质成 H_2 加以利用，并且煤气的主要成分 CO 可以直接作为燃料利用。

四、氢燃料电池整车装调的注意事项

1）对制氢装置操作期间，要防止氢气泄漏或燃料箱过热导致的爆炸危险，防止在排空燃料箱时由于气体逸出和接触导气部件导致的身体部分的冻伤危险，防止吸入氢气稀释后的空气导致的窒息危险，防止不显眼的淡蓝色氢火焰导致的烧伤危险，防止接触热态冷却液喷雾，烫伤皮肤和眼睛。

2）不要在冷却液温度高于90℃时打开冷却系统。缓慢地打开冷却液罐盖子，释放压力，严禁将冷却液注入饮料瓶中，穿戴防护手套、防护服和防护眼镜。

3）切勿触摸损坏或故障的高压车载电气系统的部件和明线，禁止体内带有电子植入装置（如心脏起搏器）的人员对高压车载电气系统进行任何作业。

4）对带毛刺和锋利边角的车辆部件进行操作或在其附近作业时，一定要戴上防护手套。

5）将汽车在车辆举升机的支柱之间调准位置，并在汽车制造商规定的车辆举升机支撑点上放置4个支承板。

知识拓展

燃料电池是新能源汽车发展的重要方向。燃料电池汽车作为一种真正意义上的"零排放，无污染"的载运工具，是未来新能源清洁动力汽车的主要发展方向之一。燃料电池汽车的进一步研发与量产化，必将成为全球汽车工业领域的一场新革命。氢燃料电池汽车是以氢气作为动力，通过燃料电池将储存在燃料（氢）和氧化剂（氧）中的化学能通过电化学反应直接转化为电能，过程中不涉及燃烧，无机械损耗，能量转化率可高达80%（汽油发动机效率约为40%），且运行平稳，无振动和噪声。

燃料电池汽车有以下优点：

1）排放或近似零排放，绿色环保。

燃料电池汽车在本质上是一种零排放汽车，燃料电池没有燃烧过程，只是电化学催化反应，将氢和氧结合生成水。

2）能量转换效率高，节约能源。

燃料电池没有活塞或涡轮等机械部件及中间环节，不经历热机过程，不受热力循环（卡诺循环）限制，故能量转换效率高。燃料电池的化学能转换效率在理论上可达100%，实际效率已达60%~80%，是普通内燃机热效率的2~3倍。

3）氢燃料来源广泛、多样化，优化了能源消耗结构。

燃料电池所使用的氢燃料来源广泛，自然界中，氢能大量存储在水中，可采用水分解制氢，也可以从可再生能源获得。燃料电池不依赖石油燃料，各种可再生能源可以转化为氢能加以有效利用，减少了对石油资源的依赖，优化了交通能源的构成。

在全球能源越来越紧缺的形势下，大家要节约能源，减少采伐，营造良好生态环境。

氢燃料电池的整车装调与测试	学习任务单	班级：
		姓名：

1. 写出燃料电池的特点。

_____

_____

_____

2. 燃料电池是一种把_____转化成_____的电化学装置。

3. 燃料电池采用的燃料是_____。

4. FCEV汽车一般由_____、_____、_____、_____、_____、_____等部分构成。

5. 与传统汽车相比，燃料电池汽车能量转化效率高达_____，为发动机的_____倍。

6. 写出下图中所指零部件的名称。

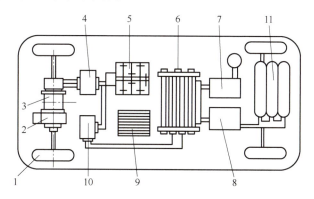

1. _____   2. _____   3. _____
4. _____   5. _____   6. _____
7. _____   8. _____   9. _____
10. _____   11. _____

【任务实施】 氢燃料电池的拆装

实训器材

奔驰 F-cell780 发动机 1 台、智能诊断仪（智能诊断仪）、举升台、防护装置、支架、夹子拆卸器和维修手册等。

作业准备

1）检查举升机。
2）将车辆在工位停放周正。
3）铺好车内和车外护套。
4）做好人员防护。

【操作步骤】

一、燃料电池的拆卸

1）读取并记录燃料电池控制单元（N116/2），燃料电池的实际数据。
2）连接智能诊断仪，读取故障码。
3）通过车辆诊断系统释放燃料电池系统中的压力、冲洗燃料电池堆。

注意：如果无法进行基于诊断的压力释放，手动释放燃料电池系统中的压力。如果不能通过诊断装置冲洗燃料电池堆，手动进行燃料电池堆冲洗。

4）分开车载电网蓄电池的接地线，手动断开高压车载电气系统。

5）将车辆固定到车辆举升机上。

6）拆下底板饰板。

7）拆下机舱饰板。

8）拆下燃料电池控制单元 N116/2，如图 2-71 所示。

9）拆下低温冷却液回路的冷却器。

10）拆下电动制冷剂压缩机。

11）拆下冷凝器。

12）拆下横梁。

13）拆下冷却液分离器。

14）将连接压力调节单元的切断阀到燃油换热器的软管部分从燃油换热器上拆下。

图 2-71　拆下燃料电池控制单元

15）拆下连接燃油换热器到调压阀的软管部分。

16）将高压导线从高压正温度系数（PTC）加热器上拆下。

17）将温度传感器从空气调节单元的出口拆下。

18）将高压管路从高压分配器上拆下。

19）将高压管路从后轴上方的燃油箱保护框架上拆下。

20）将高压导线从变速器通道中的燃油箱保护框架上拆下。拧开螺母，拆下螺钉/螺栓，将高压导线从支架上拆下。松开线路支架。挤出高压导线并使其垂下，如图 2-72 所示。

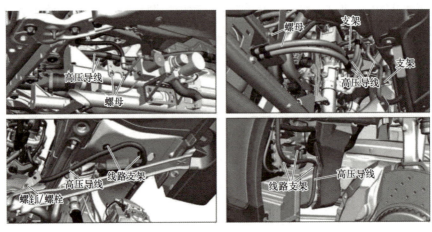

图 2-72　高压导线的拆卸

21）将接地线从车身上断开，如图 2-73 所示。

> **想一想：**
>
> 如果不能分开车载电网蓄电池的接地线，将会对后面的拆装造成什么影响？

22）将支架安装到后支架上，拆下螺栓，如图 2-74 所示。

图 2-73　断开接地线

图 2-74　安装支架拆下螺栓

23）拆下冷却液管路并密封开口。拆下真空管路并密封开口。拆下电缆接头。拆下冷却液管路并密封开口，如图 2-75 所示。

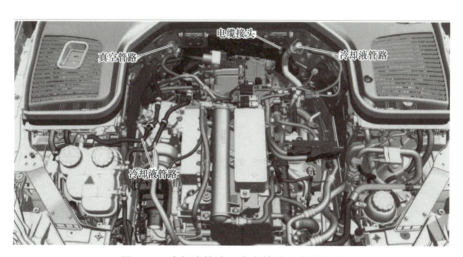

图 2-75　冷却液管路、真空管路、电缆接头

24）将燃料电池固定到链式吊车或车间起重机和均布载荷调节器上，然后使其稍稍张紧，拆下螺栓，将燃料电池从车辆中抬出，如图 2-76 所示。

二、燃料电池的安装

按照与拆卸相反的顺序进行安装。

三、燃料电池控制单元的拆装

1）在确保车辆能驾驶到授权服务中心的前提下，更换燃料电池控制单元（N116/2）时，先试运行燃料电池控制单元（N116/2），然后关闭起动开关并将遥控钥匙存放在发射范围以外（最少 2m）。

图 2-76　拆卸螺栓，吊出燃料电池

2）拆下燃料电池护盖，具体位置如图 2-77 所示。

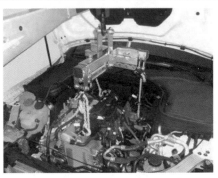

图 2-77　燃料电池护盖

3）旋开螺栓，断开电气插接器，如图 2-78 所示。注意：安装时要确保控制单元销正确落座。

4）拆下燃料电池控制单元（N116/2）。

5）检查密封件是否损坏以及是否正确落座，如果出现故障，应更换或正确放置密封件，如图 2-79 所示。

图 2-78　旋开螺栓，断开电气插接器

图 2-79　密封件

6）按照与拆卸相反的顺序进行安装。

氢燃料电池的拆装	工作任务单	班级： 姓名：	
1. 车辆信息记录			
品牌		整车型号		生产日期	
驱动电机型号		蓄电池电量		行驶里程	
车辆识别代号					
2. 作业场地准备			
检查、设置隔离栏			□是　□否
检查、设置安全警示牌			□是　□否
检查灭火器压力、有效期			□是　□否
安装车辆挡块			□是　□否
3. 记录氢燃料电池的拆装步骤			

4. 记录检测数据				
检测对象	检测条件	检测值	标准值	结果判断

(续)

5. 记录氢燃料电池控制单元的拆装步骤		

6. 竣工检验		
车辆是否正常上电	□是	□否
车辆是否正常切换档位	□是	□否
7. 作业场地恢复		
拆卸车内三件套	□是	□否
拆卸翼子板布	□是	□否
将高压警示牌等放至原位置	□是	□否
清洁、整理场地	□是	□否

课证融通考评单		实习日期:
姓名:	班级:	学号:
自评：□熟练 □不熟练	互评：□熟练 □不熟练	师评：□合格 □不合格
日期:	日期:	日期:

氢燃料电池的整车装调与测试【评分细则】

序号	评分项	得分条件	分值	评分要求	自评	互评	师评
1	安全/7S/态度	□ 1. 能进行工位 7S 操作 □ 2. 能进行设备和工具安全检查 □ 3. 能进行车辆安全防护操作 □ 4. 能进行工具清洁、校准、存放操作 □ 5. 能进行三不落地操作	15	未完成1项扣3分	□熟练 □不熟练	□熟练 □不熟练	□合格 □不合格
2	专业技能能力	□ 1. 能正确地确认故障现象 □ 2. 能规范地拆下燃料电池控制单元 N116/2 □ 3. 能正确地测量辅助蓄电池电压 □ 4. 能正确地从变速器通道中的燃油箱保护框架拆卸高压导线 □ 5. 能拆卸冷却液管路并密封开口 □ 6. 能规范地拆卸真空管路、电缆接头 □ 7. 能规范地拆卸螺栓，将燃料电池从车辆中抬出	50	未完成1项扣6分	□熟练 □不熟练	□熟练 □不熟练	□合格 □不合格
3	工具及设备的使用能力	□ 1. 能正确地使用故障诊断仪 □ 2. 能正确地使用万用表	10	未完成1项扣3分	□熟练 □不熟练	□熟练 □不熟练	□合格 □不合格
4	资料、信息查询能力	□ 1. 能正确地查询线束插接器端子含义 □ 2. 能正确地使用维修手册查询资料 □ 3. 能正确地记录查询资料章节及页码 □ 4. 能正确地记录所需维修信息	10	未完成1项扣3分，扣分不得超过10分	□熟练 □不熟练	□熟练 □不熟练	□合格 □不合格

（续）

序号	评分项	得分条件	分值	评分要求	自评	互评	师评
5	数据判断和分析能力	□1. 能判断辅助蓄电池电压是否正常 □2. 能正确地连接智能诊断仪，并读取故障码存储器是否正常	10	未完成1项扣3分	□熟练 □不熟练	□熟练 □不熟练	□合格 □不合格
6	表单填写报告的撰写能力	□1. 字迹清晰 □2. 语句通顺 □3. 无错别字 □4. 无涂改 □5. 无抄袭	5	未完成1项扣1分	□熟练 □不熟练	□熟练 □不熟练	□合格 □不合格

总分：
教师签名：

学习情境二

动力蓄电池总成装调与测试

通过理论知识学习，了解单体蓄电池分拣分容、蓄电池组装调与测试、动力蓄电池总成装调与测试的相关理论，熟悉动力蓄电池总成工作平台装调的工作要求标准，掌握常见性能测试仪的使用。

通过规范操作练习，应牢记正确的操作事项，养成良好的工作习惯和工作态度并有效地将其融入技能等级证书的考核和技能大赛中。

任务一　单体蓄电池的分拣、分容与修复

【学习目标】

知识目标：
1. 掌握单体蓄电池分拣、分容的含义。
2. 掌握单体蓄电池分容的作用。
3. 掌握单体蓄电池成组一致性的相关知识。

技能目标：
1. 具有测量单体蓄电池电压和内阻的能力。

2. 具有正确、规范地使用内阻测试仪的能力。
3. 具有正确地进行单体蓄电池一致性测试的能力。

素养目标：

1. 严格执行电动汽车动力蓄电池操作规范，养成严谨科学的工作态度。
2. 尊重他人劳动，不窃取他人成果。
3. 养成总结训练过程和结果的习惯，为下次训练积累经验。
4. 培养团结协作精神，养成规范作业的良好工作习惯。
5. 严格执行 7S 现场管理。

【任务描述】

小张在一家新能源汽车 4S 店工作，今天接到了一辆事故车，车辆的单体蓄电池出现故障需要进行维修、更换。对于这类问题，需要维修人员能对单体蓄电池进行一致性测试，对相关仪器设备的使用方法有全面的认识。

【获取信息】

一、单体蓄电池的分拣分容

分容的全称为容量分选。锂离子蓄电池在生产车间制做好以后，蓄电池容量会有差异，通过容量测试筛选出合格蓄电池的过程称为分容。

蓄电池出厂前都要经过分容分检，锂离子蓄电池厂一般通过专业设备——分容柜进行分容。通过分容柜，按规范充满电，然后放电（放完）。放完电所用的时间乘以放电电流就得出蓄电池的容量。只有测试出的容量与设计的容量偏差在 10% 以内，锂离子蓄电池才是合格的，而大品牌蓄电池厂会将蓄电池容量误差控制在 5% 以内。

锂离子蓄电池分容时，通过设备管理系统得到每一个检测点的数据，从而分析出这些蓄电池容量的大小和内阻等数据，确定锂离子蓄电池的质量等级。分容的目的是对蓄电池进行分类组编，就是筛选出内阻和容量相同的单体蓄电池进行组合，也就是分拣。

二、单体蓄电池的分容工艺

以磷酸铁锂离子蓄电池的分容作业内容为例进行介绍，具体工艺步骤如下：

1. 准备工作

1）操作者戴上劳保用品。
2）检查分容检测柜、内阻测试仪及相关设备是否正常工作。
3）清理工作台，按工艺要求设置分容参数。

2. 分容

1）将单体蓄电池正、负极柱与测试线正、负线相连接。
2）检查单体蓄电池与测试线的接触情况，确认接触良好无误。

3）看各单体蓄电池在微机上显示的电压，对于电压低于 2.5V 的单体蓄电池（低电压单体蓄电池），做好标识和记录。

4）确认对应的单体蓄电池分容流程，然后进行发送。发送后，立即检查单体蓄电池的电流、电压是否正常，包括数据曲线。

5）单体蓄电池充电时，每隔 1h 检查分容单体蓄电池的电流、电压及曲线，检查单体蓄电池是否有胀气、冒烟、起火现象。

6）单体蓄电池分容结束后，应及时将单体蓄电池从分容柜上取下。

3. 测试及老化

1）将分容合格的蓄电池按顺序进行开路电压及内阻测试。

2）测试结束后，常温搁置 15 天老化。

3）老化结束后，按顺序进行开路电压及内阻测试，同时检验单体蓄电池外观，将腐蚀、漏液的单体蓄电池报废处理，低电压及高内阻的单体蓄电池做不良品标识清楚。

三、单体蓄电池分容注意事项

1）检查单体蓄电池正、负极与测试线接触是否良好，单体蓄电池正、负极是否接反。

2）分容单体蓄电池上接线后需在 4h 内发送流程。

3）分容结束后，单体蓄电池必须在 4h 内从分容柜上取下。

4）分容结束后，单体蓄电池需及时标识，2h 内完成第一次测试。

5）操作过程中应避免单体蓄电池两极耳短路，避免损坏单体蓄电池表面质量。

6）测试单体蓄电池内阻、电压时，测试夹具应与单体蓄电池极耳前端处接触。

7）注意分容数据、两次测量数据必须和相应单体蓄电池相对应。

8）检测过程中，单体蓄电池不能叠放在一起，以防止短路。

四、单体蓄电池成组一致性

1. 蓄电池一致性

统一规格型号的单体蓄电池成组后，其电压、荷电量、容量及其衰退率、内阻及其变化率、使用寿命、温度影响、自放电率等参数存在一定的差别。

单体蓄电池之间的状态差异主要包括单体蓄电池初始差异和使用过程中产生的参数差异。蓄电池设计、制造、存储以及使用过程中存在多种不可控的因素，会影响蓄电池的一致性。提高单体蓄电池的一致性是提升蓄电池组性能的先决条件。单体蓄电池参数相互影响，当前的参数状态受初始状态和时间累积作用的影响。

蓄电池容量不一致会使蓄电池组各单体蓄电池放电深度不一致。容量较小、性能较差的单体蓄电池将提前达到满充电状态，造成容量大、性能好的单体蓄电池不能达到满充电状态。蓄电池电压的不一致将导致并联蓄电池组中单体蓄电池间的均衡，电压较高的单体蓄电池将给电压较低的单体蓄电池充电，这会加快单体蓄电池性能的衰减，损耗整个蓄电池组的能量。自放电速率大的单体蓄电池容量损失大，蓄电池自放电速率的不一致将导致单体蓄电池荷电状态、电压产生差异，影响蓄电池组的性能。

串联系统中，单体蓄电池内阻差异将导致各个单体蓄电池的充电电压不一致，内阻大的单体蓄电池提前达到电压上限，此时其他单体蓄电池可能未充满电。内阻大的单体蓄电池能量损耗大，产生的热量高，温度差异进一步增大内阻差异，导致恶性循环。并联系统中，内阻差异将导致各个单体蓄电池电流的不一致，电流大的单体蓄电池电压变化快，使各个单体蓄电池的充、放电深度不一致，造成系统的实际容量值难以达到设计值。蓄电池工作电流不同，其性能在使用过程中会产生差异，最终会影响整个蓄电池组的使用寿命。

2. 单体蓄电池一致性测试注意事项

单体蓄电池一致性测试需要使用专用的设备和仪器，以动力蓄电池实训平台为例进行讲解，主要用测量内阻、电压的方法来判断。测试时的注意事项如下：

1）能正确连接并启动技术平台，注意选用合适的 CAN 端口。

2）会安装、使用上位机软件。

3）能利用上位机软件正确地读取单体蓄电池参数，判断单体蓄电池的一致性。

4）会使用内阻测试仪来测试单体蓄电池的内阻和电压。测试前，要将内阻测试仪校零；测试时，注意表笔一定要与电极充分接触，待读数稳定后再读数。

5）使用内阻测试仪时，要能根据直读值设置电压和内阻上、下限；测试时，能判断单体蓄电池电压和内阻的合格性。

> **想一想：**
>
> 哪些因素会影响单体蓄电池成组的一致性？

知识拓展

蓄电池成组不一致性优化方法

1. 单体蓄电池制造技术

同批次原材料对蓄电池性能的一致性十分重要，在生产过程中，需要对原材料的粒径分布、比表面积和杂质含量等参数进行严格的控制，保证原材料的批次一致性。

蓄电池的生产工艺由多个工序组成，每个工序过程都可能会影响蓄电池的一致性。生产单体蓄电池性能要一致，必须对每一个工序进行合理的设计和管控，使之平行重复。根据蓄电池的性能要求设计蓄电池生产工序，分析原材料、电极和电解液等参数对蓄电池一致性的影响，从而合理控制各个工序参数的阈值。生产线减少人为干预，实现自动化也能提高蓄电池的一致性。

2. 分选制度

为了降低初始状态差异对蓄电池组的不利影响，通常需要对单体蓄电池进行筛选，将状态参数较为一致的单体蓄电池组合在一起。蓄电池成组方法主要有单参数配组法、多参数配组法和动态特性曲线配组法。动态特性曲线配组法通过比较同一倍率下不同单体蓄电池间充放电曲线的差异，能够很好地反映蓄电池特性，分选效果理想。

3. 蓄电池组外电路（蓄电池串并联方式）

蓄电池组的连接方式影响蓄电池成组一致性。目前有两种较好的连接方式：先并联两个相同的单体蓄电池成组，再将蓄电池组串联起来（PSB）；先串联两个不同的单体蓄电池成组，再将蓄电池组并联起来（SPA）。

4. 采用蓄电池管理系统

为了提高蓄电池的性能和使用寿命需要对单体蓄电池进行管理和维护。蓄电池管理系统是蓄电池系统正常运行的重要保障，主要任务是保证蓄电池组的性能，防止蓄电池损坏，避免发生事故，使蓄电池在适宜的区域内工作，延长使用寿命。

虽然蓄电池管理技术已经被广泛运用，但还需要继续完善，尤其是在 SOC 的估算和数据采集精确度、均衡电路、蓄电池快充等方面。由于不同类型的蓄电池特性具有差异，适用于所有蓄电池的 BMS 是目前的主要研究方向。

5. 均衡控制

为了缓解甚至消除蓄电池组中各单体蓄电池间的不一致性，提高蓄电池组的性能、使用寿命和安全性，通过均衡电路和均衡控制策略能够有效地改善蓄电池组的不一致性。

现阶段均衡控制策略的研究大多聚焦于均衡硬件电路设计与实现。但均衡电路参数会影响均衡效果。另外，均衡启动时蓄电池荷电状态、均衡阈值、充放电电流、均衡电流与充放电电流比值以及充放电工况切换方式也会影响均衡效果。

直击现场

锂离子蓄电池技术发展一直以控制成本、提高锂离子蓄电池的能量密度和功率密度、增强使用安全性、延长使用寿命和提高成组一致性等为主轴，而这些要素的提升依然是锂离子蓄电池目前面临的最大挑战。我们应该加倍努力，学好技术本领，将来为国家的新能源汽车产业、行业贡献自己的力量。

单体蓄电池的分拣、分容与修复	学习任务单	班级： 姓名：

1. 阐述下列术语的定义。

分容：

蓄电池一致性：

2. 单体蓄电池分容的注意事项有哪些？

3. 哪些因素会影响单体蓄电池成组的一致性？

项目二 动力蓄电池的装调与测试

【任务实施】 单体蓄电池的一致性测试

实训器材

动力蓄电池总成工作平台、上位机软件、内阻测试仪、动力蓄电池诊断 CAN 盒。

作业准备

1）检查实训工位。

2）内阻测试仪、上位机软件、动力蓄电池诊断 CAN 盒、绝缘防护用品用具等物品在工位摆放整齐。

3）做好人员防护。

【操作步骤】

1. 蓄电池一致性判断

（1）上位机软件的连接

1）将上位机软件安装到微机上，打开上位机软件，读取动力蓄电池总成装调工作平台相关数据，如图 2-80 所示。

图 2-80 上位机软件

2）读取动力蓄电池数据，如图 2-81 所示。

（2）单体蓄电池一致性判断　常温下，三元锂离子单体蓄电池标准电压为 3.7V，磷酸铁锂单体蓄电池标准电压为 3.2V，蓄电池组温度应基本一致。在蓄电池成组时，要尽量选择电压压差小的，越小越好。

（3）对判断出的不合格单体蓄电池进行记录，包含单体蓄电池编号、蓄电池组编号、数值等。

扫一扫

2-2-1 单体蓄电池的一致性诊断

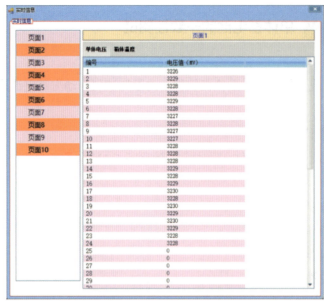

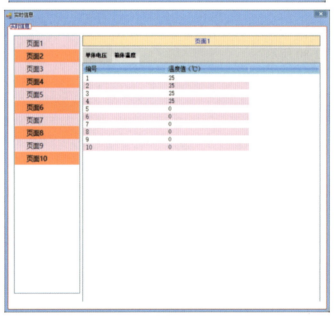

图 2-81 动力蓄电池数据

2. 电压、内阻一致性测试

1）打开内阻测试仪，使用校零后的内阻测试仪设置单体蓄电池电压和内阻的上、下限值并保存，如图 2-82 所示。

2）用调试好的内阻测试仪对分拣出的故障单体蓄电池进行电压和内阻的测试，如图 2-83 所示。

3）测试时，测试表笔应用力按下，让表笔内芯与蓄电池电极充分接触。

4）待内阻测试仪读数稳定后读数。磷酸铁锂单体蓄电池电压标准是 3.2V，内阻值一般是 60~100mΩ。

3. 记录分拣

记录分拣出的故障单体蓄电池的电压、内阻，将其放入故障元件区，待处理。

扫一扫

2-2-1 使用内阻仪测试单体蓄电池电压

项目二 动力蓄电池的装调与测试

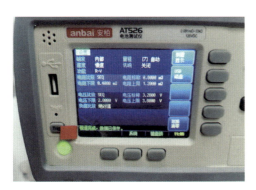

图 2-82 设置电压、内阻的上、下限值

图 2-83 故障单体蓄电池测试

单体蓄电池的一致性测试	工作任务单	班级：
		姓名：

1. 蓄电池管理系统异常数据记录表

参数名称	异常数据记录	技术规范值	处理方法

2. 内阻测试仪测量设置

参数名称	数值	参数名称	数值
标称电压		标称电阻	
电压上限		电阻上限	
电压下限		电阻下限	

3. 单体蓄电池异常记录

单体蓄电池编号	实际测量值		处理方法
	电压值	内阻值	

85

课证融通考评单				实习日期：			
姓名：		班级：			学号：		
自评：□熟练 □不熟练		互评：□熟练 □不熟练			师评：□合格 □不合格		
日期：		日期：			日期：		
单体蓄电池的分拣、分容与修复【评分细则】							
序号	评分项	得分条件	分值	评分要求	自评	互评	师评
1	安全/5S/态度	□1. 能进行工位5S操作 □2. 能进行设备和工具安全检查 □3. 能进行人员安全防护操作 □4. 能进行工具清洁、校准、存放操作 □5. 能进行三不落地操作	15	未完成1项扣3分	□熟练 □不熟练	□熟练 □不熟练	□合格 □不合格
2	专业技能能力	□1. 能检查蓄电池外表面有无异常磕碰或损坏 □2. 能正确地对蓄电池进行分拣挑选 □3. 能正确地读取单体蓄电池数据并记录在作业单上 □4. 能正确地连接内阻测试仪电源线、测试线 □5. 会对内阻测试仪进行校零 □6. 能按要求设定蓄电池内阻测试仪的标称电阻、标称电压、电压上限、电压下限、电阻上限、电阻下限 □7. 能使用内阻测试仪进行测量 □8. 能正确地读记录异常单体蓄电池信息	50	未完成1项扣5分	□熟练 □不熟练	□熟练 □不熟练	□合格 □不合格
3	工具及设备的使用能力	□1. 能正确地检查内阻测试仪连接线、按键 □2. 能正确地使用内阻测试仪	10	未完成1项扣5分	□熟练 □不熟练	□熟练 □不熟练	□合格 □不合格
4	资料、信息查询能力	□1. 能正确地查询内阻测试仪的品牌型号 □2. 能正确地使用维修手册查询资料 □3. 能正确地记录查询资料章节及页码 □4. 能正确地记录工作任务信息	10	未完成1项扣3分，扣分不得超过10分	□熟练 □不熟练	□熟练 □不熟练	□合格 □不合格
5	数据判断和分析能力	□1. 能判断内阻测试仪是否正常 □2. 能判断单体蓄电池的一致性	10	未完成1项扣3分	□熟练 □不熟练	□熟练 □不熟练	□合格 □不合格
6	表单填写报告的撰写能力	□1. 字迹清晰 □2. 语句通顺 □3. 无错别字 □4. 无涂改 □5. 无抄袭	5	未完成1项扣1分	□熟练 □不熟练	□熟练 □不熟练	□合格 □不合格

总分：

教师签名：

任务二　动力蓄电池组的装调与测试

【学习目标】

知识目标：

1. 掌握动力蓄电池组的基本结构。
2. 掌握动力蓄电池成组的硬件组成与连接。
3. 掌握动力蓄电池组一致性测试内容。

技能目标：

1. 具有对单体蓄电池进行检测并装配成组的能力。
2. 具有对动力蓄电池组进行一致性测试的能力。

素质目标：

1. 在操作过程中树立高压安全操作意识。
2. 通过制订故障检修流程，具备分析问题、解决问题的能力。
3. 能在工作结束后按照 7S 管理规定整理、恢复作业场地，养成良好的工作习惯。

【任务描述】

小张在一家新能源汽车 4S 店工作，今天接到了一辆事故车，车辆的动力蓄电池组出现故障需要进行维修、更换。对于这类问题，需要维修人员对动力蓄电池组的结构、连接方式、装调与测试要求及相关仪器设备的使用方法有全面的认识。

【获取信息】

一、动力蓄电池组的基本结构

电动汽车的动力蓄电池也称为动力蓄电池包，是由很多单体蓄电池封装在一起形成的。由于单体蓄电池数量庞大，因此需要有效、合理的封装形式，通过串联、并联等形式来提高电压或增加容量。

目前绝大多数纯电动汽车采用的为磷酸铁锂离子蓄电池和三元锂离子蓄电池。在动力蓄电池内部，一定数量的单体蓄电池组成一个动力蓄电池组，若干个动力蓄电池组组合而成动力蓄电池包。

单体蓄电池之间的连接方式有并联和串联两类。并联的目的是增加动力蓄电池组的容量，而电压不变。一定数量的单体蓄电池通过串联组成一个动力蓄电池组，串联的目的是提高动力蓄电池组的电压。下面以动力蓄电池总成装调工作平台（B-GY01+B-GZ02）动力蓄电池组为例进行介绍。

动力蓄电池总成装调工作平台由4个动力蓄电池组串联而成，共24个单体蓄电池，总电压为76.8V。每个动力蓄电池组都由绝缘上盖、侧板、端板、压板、绝缘隔板、连接片、单体蓄电池、采样线等组成，如图2-84所示。

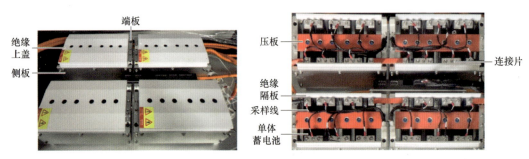

图 2-84　动力蓄电池组

二、动力蓄电池成组的硬件组成与连接

1. 动力蓄电池组的固定与连接

动力蓄电池组尺寸确定后，需要考虑固定和连接。无论是圆柱形、方形还是软包动力蓄电池组，实质上都是使用一些结构件把单体蓄电池通过串、并联方式组合成模组。动力蓄电池组的固定和连接有两个作用，一方面是固定和连接单体蓄电池自身，使之成为一个整体，并且具备足够的机械强度和刚度，另一方面是预留动力蓄电池组对外的连接、固定方式和位置。

2. 动力蓄电池成组的电连接

动力蓄电池箱内主要有电压采集线、温度采集线、模块间通信线、动力蓄电池箱通信线。

三、动力蓄电池箱的结构

动力蓄电池箱体作为动力蓄电池的载体，在动力蓄电池安全及防护方面起着关键作用，因此动力蓄电池箱的设计需要考虑多个方面的因素，包括机械结构安全性、电安全性、防水及防尘密封性能、通风散热及加热性能。

1. 动力蓄电池箱设计要求

动力蓄电池箱的设计要求包括碰撞安全性要求、绝缘与防水性能要求、通风与散热性能要求。

2. 动力蓄电池箱标准规格尺寸

《电动汽车用动力蓄电池产品规格尺寸》（GB/T 34013—2017）推荐了适用于电动商用车的动力蓄电池箱标准典型尺寸。

四、动力蓄电池组的装调与测试

下面以动力蓄电池总成装调工作平台动力蓄电池组的装调与测试为例进行介绍。

1. 动力蓄电池组的装调

1）安装前，清洁单体蓄电池，连接铜排、动力蓄电池组盒等部件。

2）按照正确的单体蓄电池正、负极顺序摆放动力蓄电池组并检查确认。

3）正确安装单体蓄电池连接铜排和固定铜排。

4）安装单体蓄电池固定螺栓，按规定力矩紧固单体蓄电池连接片。

5）正确地安装动力蓄电池采样线束。

6）正确地安装动力蓄电池组之间的连接铜排。

2. 动力蓄电池组的测试

1）动力蓄电池组安装完成后，使用万用表测量各动力蓄电池组的总电压并确定是否一致。若不一致，排查原因。

2）使用绝缘测试仪测量动力蓄电池组的对地绝缘性，确认其是否漏电。

3）测量时，戴好绝缘手套单手测量。

4）测量前，正确选取好参考接地点，测量其 PE 值是否接地。

扫一扫

2-2-2 蓄电池组电压的测试

> **知识拓展**
>
> **模块化动力蓄电池组提升续驶里程**
>
> 　　相比国内的新能源汽车市场，国外的竞争同样愈发激烈，车企都迫切地想要提高汽车续驶里程，所以纷纷进入蓄电池组领域。
>
> 　　随着动力蓄电池行业发展的逐渐成熟，动力蓄电池组模块化技术必将越来越成熟。相关专家认为，要提高动力蓄电池组的集成效率，有两个可行的途径：一是优化动力蓄电池组内部的结构设计，大幅度减少动力蓄电池组内部的组件数量，将更多的组件和功能集成在模组和箱体上，从而减轻重量。另一个是采用轻量化的材料，如采用铝型材或复合材料代替高强度钢，采用塑胶件代替金属件等，也可以减轻重量。
>
> 　　动力蓄电池组技术的发展，涉及多学科、多领域的知识，需要跨学科的技术融合。但车企想要最终规模化的生产出使用寿命、稳定性、可靠性、安全性都完全符合新能源汽车级要求的 PACK 产品，还需要大量的工程实践和测试验证，以及产品不断优化升级的过程。作为新时代的大学生，更应不断实践创新，为祖国的科技发展贡献自己的力量。

动力蓄电池组的装调与测试	学习任务单	班级： 姓名：

1. 由于单体蓄电池数量庞大，因此需要有效、合理的封装形式，通过_____等形式来提高或增加_____。

2. 动力蓄电池总成装调工作平台由动力蓄电池、_____、_____、_____、_____及相关辅件等组成。

3. 动力蓄电池总成装调工作平台由_____个动力蓄电池组串联而成，共_____个单体蓄电池，总电压为_____V。

4. 在下图中标出动力蓄电池线束接插器包括的线束接插器。

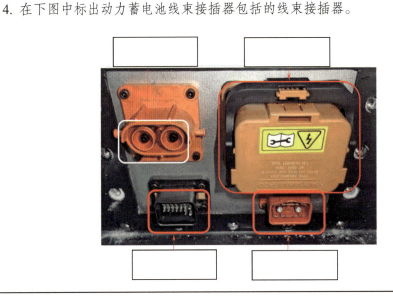

【任务实施】动力蓄电池组的装调与测试

实训器材

绝缘测试仪、动力蓄电池总成装调工作平台、动力蓄电池组组件、绝缘防护用品用具、拆装工具等。

作业准备

1）检查实训工位。
2）将绝缘测试仪、绝缘防护用品及用具等物品在工位摆放整齐。
3）将蓄电池组组件、拆装工具在工位摆放整齐。
4）做好人员防护。

【操作步骤】

一、单体蓄电池装配成组

1）准备好单体蓄电池和蓄电池组盒，如图2-85所示。
2）将单体蓄电池安放到蓄电池组盒中并检查，注意极柱正、负极顺序，如图2-86所示。
3）安装单体蓄电池分隔架，如

扫一扫

2-2-2 蓄电池组的组装

图 2-85 单体蓄电池和蓄电池组盒

图 2-87 所示。

图 2-86 安放单体蓄电池

图 2-87 安装单体蓄电池分隔架

4）安装单体蓄电池固定板，如图 2-88 所示。

图 2-88 安装单体蓄电池固定板

5）安装动力蓄电池组采样线，如图 2-89 所示。

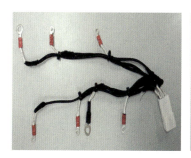 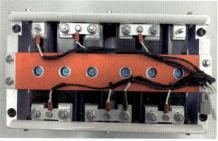

图 2-89 安装动力蓄电池组采样线

6）安装动力蓄电池组到台架并与其他模块连接，如图2-90所示。

7）完成蓄电池管理器监测线束接头连接，完成安装，如图2-91所示。

 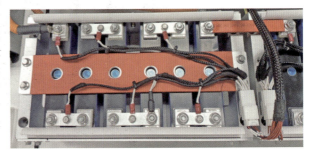

图2-90　安装动力蓄电池组　　　　　　图2-91　完成监测线束接头连接

> **竞赛小知识**
>
> 　　应逐个目视检查单体蓄电池有无漏液、鼓包，极柱螺栓有无异常，清洁单体蓄电池，连接铜排、动力蓄电池组等部件，按照正确的动力蓄电池正、负极顺序安放单体蓄电池，确认单体蓄电池正、负极是否正确，正确安装单体蓄电池连接铜排，正确安装动力蓄电池组固定铜排及相关采样线束，测量动力蓄电池组电压。

二、动力蓄电池组的测试

1. 电压一致性测量

1）校对万用表。

2）测量各蓄电池组的电压。如图2-92所示，检查各蓄电池组的电压是否一致。如有不一致，检查其原因，修复或更换。

2. 动力蓄电池组的绝缘性测试

1）校零绝缘测试仪，选择合适的量程。

2）单手分别测量蓄电池组1、2、3、4的对地绝缘性。注意绝缘测试仪一个表笔接平台的接地点，另一表笔测试动力蓄电池组正极（或负极）的绝缘性，如图2-93所示。

扫一扫

2-2-2　蓄电池组绝缘性的测试

图2-92　动力蓄电池组的电压测量　　　　　　图2-93　动力蓄电池组的绝缘性测试

项目二 动力蓄电池的装调与测试

动力蓄电池组的装调与测试	工作任务单	班级：
		姓名：

1. 记录动力蓄电池组的装调与测试的步骤

2. 动力蓄电池组电压及绝缘性检测

蓄电池组编号	实际测量值		处理方法
	电压值	绝缘电阻值	

课证融通考评单		实习日期：
姓名：	班级：	学号：
自评：□熟练 □不熟练	互评：□熟练 □不熟练	师评：□合格 □不合格
日期：	日期：	日期：

动力蓄电池组的装调与测试【评分细则】

序号	评分项	得分条件	分值	评分要求	自评	互评	师评
1	安全/5S/态度	□1. 能进行工位 5S 操作 □2. 能进行设备和工具安全检查 □3. 能进行人员安全防护操作 □4. 能进行工具清洁、校准、存放操作 □5. 能进行三不落地操作	15	未完成1项扣3分	□熟练 □不熟练	□熟练 □不熟练	□合格 □不合格
2	专业技能能力	□1. 安装前清洁单体蓄电池，连接铜牌、动力蓄电池组等部件 □2. 按照正确的单体蓄电池正、负极顺序安装蓄电池组 □3. 正确地安装单体蓄电池连接线束 □4. 正确地测量动力蓄电池组电压 □5. 正确地安装动力蓄电池组固定螺栓 □6. 能正确地确认动力蓄电池组正、负极 □7. 能正确地安装动力蓄电池组之间的连接铜排及采样线束	50	未完成1项扣5分	□熟练 □不熟练	□熟练 □不熟练	□合格 □不合格

(续)

序号	评分项	得分条件	分值	评分要求	自评	互评	师评
3	工具及设备的使用能力	□ 1. 能正确地使用电压表 □ 2. 能正确地使用绝缘测试仪	10	未完成 1 项扣 3 分	□熟练 □不熟练	□熟练 □不熟练	□合格 □不合格
4	资料、信息查询能力	□ 1. 能正确地使用维修手册查询资料 □ 2. 能正确地记录查询资料章节及页码 □ 3. 能正确地记录工作任务信息	10	未完成 1 项扣 3 分	□熟练 □不熟练	□熟练 □不熟练	□合格 □不合格
5	数据判断和分析能力	□ 1. 能判断电压表测量结果是否正常 □ 2. 能判断绝缘测试仪测量结果是否正常	10	未完成 1 项扣 3 分	□熟练 □不熟练	□熟练 □不熟练	□合格 □不合格
6	表单填写报告的撰写能力	□ 1. 字迹清晰 □ 2. 语句通顺 □ 3. 无错别字 □ 4. 无涂改 □ 5. 无抄袭	5	未完成 1 项扣 1 分	□熟练 □不熟练	□熟练 □不熟练	□合格 □不合格

总分：
教师签名：

任务三　动力蓄电池总成的装调与测试

【学习目标】

知识目标：

1. 掌握动力蓄电池总成的组成。
2. 掌握蓄电池管理器、交流充电机的作用和安装方法。
3. 掌握电流传感器、接触器、预充电阻等零部件及相关线束的作用和安装方法。
4. 掌握动力蓄电池总成装调与测试的注意事项。

技能目标：

1. 具有熟练、正确地安装各接触器的能力。
2. 具有测量接触器的线圈电阻和进行接触器主动测试的能力。
3. 具有熟练、正确地安装预充电阻和判断预充电阻好坏的能力。

4. 具有辨别电流传感器安装方向和熟练、正确安装的能力。

5. 具有正确地进行动力蓄电池总成装调的能力。

6. 具有进行动力蓄电池总成上电与充电测试的能力。

素养目标：

1. 严格执行电动汽车动力蓄电池操作规范，养成严谨科学的工作态度。
2. 尊重他人劳动，不窃取他人成果。
3. 养成总结训练过程和结果的习惯，为下次训练积累经验。
4. 培养团结协作精神，养成规范作业的良好工作习惯。
5. 严格执行 7S 现场管理。

【任务描述】

小张在一家新能源汽车 4S 店工作，今天接到了一辆事故车，由于车辆的动力蓄电池接触器出现故障需要打开动力蓄电池进行检修。对于这类问题，需要维修人员对动力蓄电池的结构组成和装调与测试要求及相关仪器设备的使用方法有全面的认识。

【获取信息】

一、动力蓄电池总成的组成

动力蓄电池总成装调工作平台由蓄电池组、蓄电池管理器、接触器、电流传感器、预充电阻、车载充电机及相关辅件等组成，如图 2-94 所示。

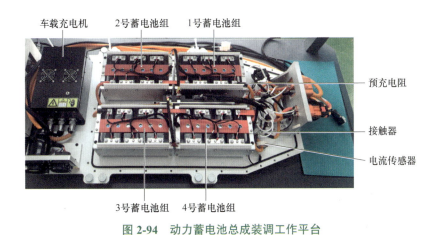

图 2-94 动力蓄电池总成装调工作平台

1. 蓄电池管理器及控制线束

蓄电池管理器放置在 4 个蓄电池组中间，用来监测蓄电池的运行工作状态（包括电流、电压、温度等），以保持动力蓄电池的良性工作循环，如图 2-95 所示。

2. 动力蓄电池充电系统

动力蓄电池工作平台充电系统包括车载充电机、直流充电口、交流充电口等，如图 2-96 所示。

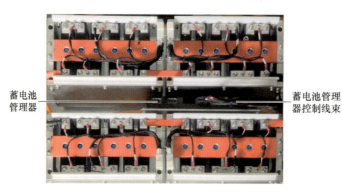

图 2-95 动力蓄电池管理器及控制线束

车载充电机指固定安装在电动汽车上的充电机,具有为电动汽车动力蓄电池安全、自动充满电的能力,充电机依据蓄电池管理系统(BMS)提供的数据,能动态调节充电电流或电压参数,执行相应的动作,完成充电过程。

3. 主要附件

主要附件包括接触器、电流传感器、预充电阻及相关辅件等,如图 2-97 所示。

图 2-96 动力蓄电池充电系统

接触器分为交流接触器(电压 AC)和直流接触器(电压 DC),它应用于电力、配电与用电场合。接触器广义上指工业电中利用线圈流过电流产生磁场,使触头闭合以达到控制负载的电器。交流接触器利用主触点来控制电路,用辅助触点来导通控制回路。

电流传感器也称磁传感器,是一种检测装置,能感受到被测电流的信息,并能将检测感受到的信息按一定规律变换成为符合一定标准需要的电信号或其他所需形式的信息输出,以满足信息的传输、处理、存储、显示、记录和控制等要求。

预充电阻在电子器件或蓄电池、变频器等器件上经常用到。对于不同的器件,工作方式不完全相同,但使用预充电阻的目的都是避免充电电源在充电初期的大电流对器件造成可能的损伤或破坏。

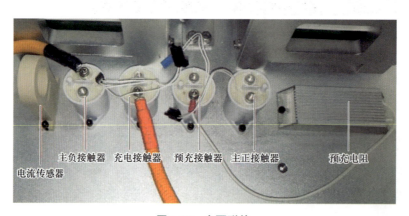

图 2-97 主要附件

4. 动力蓄电池线束接插器

动力蓄电池工作平台线束接插器包括维修开关、直流充电插头、低压连接插头、高压连接插头等，如图 2-98 所示。

图 2-98 动力蓄电池线束接插器

2-2-3 快充低压线束的检测

2-2-3 快充和慢充高压线束的检测

二、动力蓄电池总成装调与测试的注意事项

1）使用前，应检查平台上有无异物，平台脚轮应在锁止位置，以确保安全。

2）检查元器件电路时，要求使用数字式万用表以增加精确度。

3）测量平台有关参数时，禁止短路台架上的接线端子，防止发生短路事故。

4）在进行动力蓄电池装调作业时，必须戴绝缘手套后进行动力蓄电池装调，防止造成高压电击事故。安装与拆卸前，必须保证绝缘良好，防止触电。

5）动力蓄电池总成工作平台具有高压互锁功能，在连接高压部件时需确认连接是否牢靠。

6）蓄电池管理器采集线 A 口和 B 口插头不能插反，以防损坏蓄电池管理器。

7）蓄电池组采样线不能接反、错接。

8）绝缘监测仪正、负极接线端子压接总正接触器与总负接触器时严禁接反。

9）总正连接片与总负连接线压接充电接触器与总负接触器时，不能接反或接到其他接触器端。

10）总正连接片与总负连接线严禁在维修开关闭合后同时搭铁。

11）单体蓄电池连接片紧固力矩应为 4.5N·m，避免力矩过大损坏蓄电池接线柱。单体蓄电池黑色绝缘罩为正极，白色绝缘罩为负极。

12）电流传感器安装时应注意方向。

13）安装后的动力蓄电池工作平台应能进行上电或充电测试，如果无法上电或充电，应及时检修。

想一想：

动力蓄电池工作平台高压互锁功能是如何实现的？

动力蓄电池总成的装调与测试	学习任务单	班级：
		姓名：

1. 在测量预充电阻时，技师甲：正确的阻值为 100Ω；技师乙说：正确的阻值为 60Ω。下列选项正确的是（　　）。

　A. 技师甲正确　　　　　　　　　　B. 技师乙正确
　C. 技师甲、技师乙均正确　　　　　D. 技师甲、技师乙均不正确

2. 在安装霍尔式电流传感器时，技师甲说：安装没有方向要求；技师乙说：安装有方向要求。下列选项正确的是（　　）。

　A. 技师甲正确　　　　　　　　　　B. 技师乙正确

C. 技师甲、技师乙均正确　　　　　　D. 技师甲、技师乙均不正确

3. 在安装正极连接片时，技师甲说：安装正极连接片需要紧固3个螺栓；技师乙说：安装正极连接片只需要紧固1个螺栓。下列选项正确的是（　　）。

A. 技师甲正确　　　　　　　　　　　B. 技师乙正确

C. 技师甲、技师乙均正确　　　　　　D. 技师甲、技师乙均不正确

4. 接触器线圈的阻值一般为（　　）。

A. 15～20Ω　　B. 25～30Ω　　C. 30～35Ω　　D. 35～40Ω

5. BMS的中文全称是（　　）。

A. 电源管理系统　　　　　　　　　　B. 能量管理系统

C. 整车管理系统　　　　　　　　　　D. 蓄电池管理系统

6. 在下图中填写动力蓄电池工作平台各部分的名称。

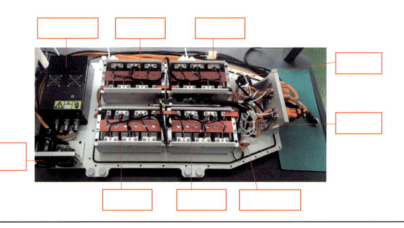

【任务实施】 动力蓄电池总成的装调与测试

实训器材

动力蓄电池总成装调工作平台、蓄电池组块、接触器、电流传感器、预充电阻、万用表、充电设备、负载、绝缘防护用品用具、拆装工具等。

作业准备

1）检查实训工位各零部件齐全、摆放整齐。

2）万用表、绝缘防护用品用具等物品在工位摆放整齐。

3）拆装工具、充电机、负载在工位摆放整齐。

4）做好人员防护。

【操作步骤】

一、元器件及线束的检测

1. 预充电阻的测量

测量预充电阻的电阻值，如图2-99所示。动力蓄电池总成装调工作平台预充电阻，

标准电阻值为 90~110Ω。

2. 温度传感器的检测

方法一：测量单体温度传感器的电阻值，如图 2-100 所示，常温下标准值为 8~11kΩ。

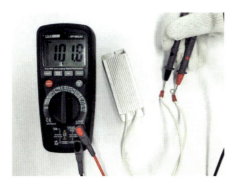

图 2-99 预充电阻电阻值的测量

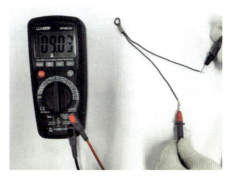

图 2-100 单体温度传感器电阻值的测量

方法二：在动力蓄电池总成装调工作平台上测量温度传感器的电阻值。

1）根据动力蓄电池总成装调工作平台 BMS 原理图（图 2-101）找到温度传感器端子。

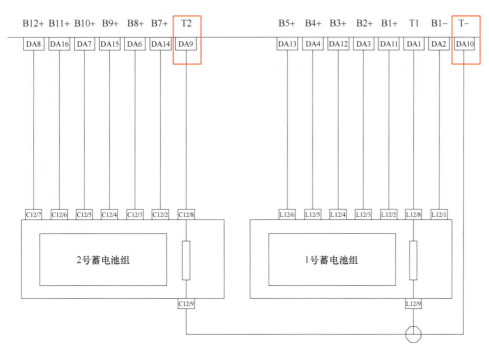

图 2-101 动力蓄电池总成装调工作平台 BMS 原理图

2）在动力蓄电池总成装调工作平台上找到各蓄电池组采集线线束及插接器，如图 2-102 所示。

3）在动力蓄电池总成装调工作平台上找到各蓄电池组温度传感器对应端子 T 并进行电阻值的测量，如图 2-103 所示。如果端子较小，可用探针引出进行测量。

3. 接触器的检测

（1）接触器线圈的测量　断开接触器线圈与蓄电池管理器连接线束的插头，在接触器侧用万用表测量其线圈电阻值，标准值为 25~30Ω，如图 2-104 所示。

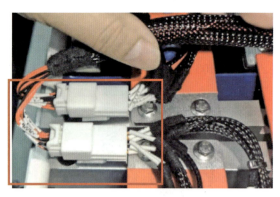
图 2-102 动力蓄电池总成装调工作平台上的蓄电池组采集线线束及插接器

图 2-103 动力蓄电池总成装调工作平台上温度传感器电阻值的测量

（2）接触器的主动测试

1）打开动力蓄电池总成装调工作平台开关，确保平台工作正常。

2）利用上位机软件的元器件测试功能，依次测量主正接触器、预充接触器、充电接触器和主负接触器 4 个接触器的触点间电阻值，进行主动功能测试、判断，如图 2-105 所示。

2-2-3 接触器线圈的检测

2-2-3 接触器的主动测试

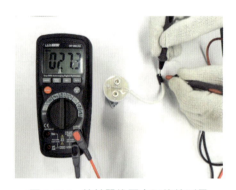
图 2-104 接触器线圈电阻值的测量

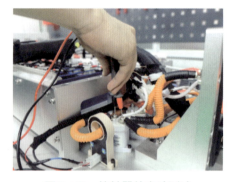
图 2-105 接触器的主动测试

想一想：

在动力蓄电池总成装调工作平台上如何使用上位机软件的元器件测试功能？
_____
_____
_____

二、动力蓄电池总成装调工作平台的安装

将检测合格的各动力蓄电池总成装调工作平台零部件安装到工作平台上的具体步骤如下。

1. 底板外观的检查

检查动力蓄电池总成装调工作平台底板有无裂纹、变形，外观有无损伤，各螺纹孔是否损坏，清洁动力蓄电池总成装调工作平台底板，如图 2-106 所示。

2. 车载充电机和充电口的安装

将车载充电机和充电口安装到平台最左侧，如图 2-107 所示。

3. 蓄电池组和蓄电池管理器的安装

1）将装配成组的蓄电池组和蓄电池管理器安装到平台合适的位置上，按照规定力矩（10N·m）紧固蓄电池组螺栓，按照规定力矩（5N·m）紧固蓄电池管理器紧固螺栓，如图 2-108 所示。

项目二 动力蓄电池的装调与测试

图 2-106 清洁动力蓄电池总成装调工作平台底板

2-2-3 交流充电机的安装

图 2-107 车载充电机、充电口的安装

2-2-3 蓄电池管理器的安装

图 2-108 蓄电池组和蓄电池管理器的安装

2）用蓄电池连接片将各蓄电池组连接在一起，按照规定力矩（5N·m）紧固螺栓；最后，安装动力蓄电池总正、总负连接片，紧固力矩为 5N·m，如图 2-109 所示。

4. 绝缘监测仪的安装

将绝缘监测仪安装到蓄电池底板上并用螺栓固定，如图 2-110 所示。

5. 预充电阻的安装

将检测合格的预充电阻安装到蓄电池总成装调工作平台底板上并用螺栓固定，紧固力

101

矩为 5N·m，如图 2-111 所示。

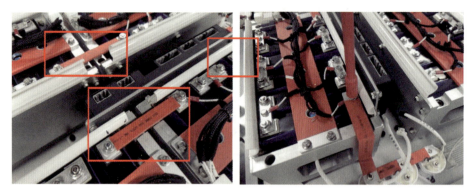

图 2-109　蓄电池组的连接

图 2-110　绝缘监测仪的安装

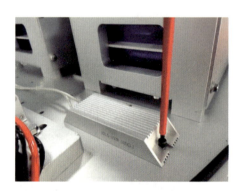

图 2-111　预充电阻的安装

6. 接触器的安装

将检测合格的主正接触器、预充接触器、充电接触器和主负接触器安装到蓄电池总成装调工作平台底板上并用螺栓固定，紧固力矩为 5N·m，如图 2-112 所示。

7. 电流传感器的测量

将电流传感器安装到蓄电池总成装调工作平台底板上并用螺栓固定，如图 2-113 所示，紧固力矩为 5N·m，安装时注意电流传感器的方向。

图 2-112　接触器的安装

8. 高压动力插座的安装

将维修开关插座、直流充电插座、交流放电插座等安装到蓄电池总成装调工作平台底板上，紧固力矩为 5N·m，如图 2-114 所示，测量各高压连接部件绝缘电阻值。

9. 高压线束的安装

安装直流充电线束、维修开关及高压线束，如图 2-115 所示。

10. 动力蓄电池采样线的安装

将动力蓄电池采样线连接到蓄电池组低压插接器座上，注意 B 口标识，不能插反，如图 2-116 所示。

11. 外部低压线束的连接

连接高压互锁线束、预充电阻线束、绝缘检测线束、电流传感器线束、BMS 线束等，如图 2-117 所示。

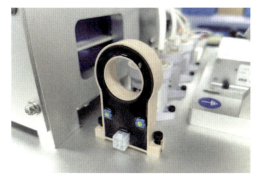

图 2-113　电流传感器的安装

图 2-114　高压动力插座的安装

图 2-115　直流充电线束、维修开关及高压线束的安装

图 2-116　动力蓄电池采样线的安装

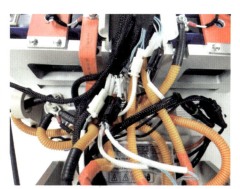

图 2-117　外部低压线束的连接

三、动力蓄电池总成装调工作平台通电调试

1. 上电测试

打开控制盒上面的电源开关，电源指示灯亮，主正接触器与主负接触器吸合，可给负载供电，如图 2-118 所示。

2. 交流充电测试

动力蓄电池总成慢充充电时，控制盒上电源指示灯与慢充指示灯亮，主正接触器与主负接触器吸合，车载充电机电源灯亮，如

图 2-118　上电测试

图 2-119 所示。

扫一扫

2-2-3 动力蓄电池总成交流充电测试

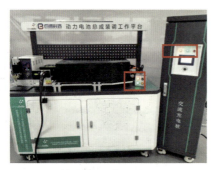

图 2-119 交流充电测试

3. 直流充电测试

动力蓄电池总成快充充电时，控制盒上电源指示灯与快充指示灯亮，充电接触器与主负接触器吸合，如图 2-120 所示。

扫一扫

2-2-3 动力蓄电池总成的直流充电测试

> **竞赛小知识**
>
> 在动力蓄电池总成装调工作平台上检测温度传感器的电阻值时，若在蓄电池组上的接插器侧进行测量，建议使用万用接线盒中的绝缘测试连接线将端子引出后进行测量，否则可能会造成电源短路，损坏蓄电池组及蓄电池。

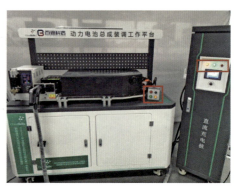

图 2-120 直流充电测试

扫一扫

2-2-3 动力蓄电池总成放电的测试

动力蓄电池总成的装调与测试	工作任务单	班级： 姓名：

1. 记录动力蓄电池总成装调工作平台的装调与测试的步骤

2. 蓄电池组温度传感器动态电阻检测

测量对象	数值记录
蓄电池组 1 温度传感器	
蓄电池组 2 温度传感器	
蓄电池组 3 温度传感器	
蓄电池组 4 温度传感器	

(续)

3. 接触器线圈电阻检测

测量对象	数值记录
预充接触器	
主正接触器	
主负接触器	
充电接触器	

4. 蓄电池系统功能验证（按要求充放电）

测量对象	测试条件	数值记录
蓄电池系统放电电流	负载电流：5A，放电 10～30s	
蓄电池系统实际充电电流	交流时间：10～30s	
	直流时间：10～30s	

课证融通考评单		实习日期：	
姓名：	班级：		学号：
自评：□熟练 □不熟练	互评：□熟练 □不熟练		师评：□合格 □不合格
日期：	日期：		日期：

动力蓄电池总成的装调与测试【评分细则】

序号	评分项	得分条件	分值	评分要求	自评	互评	师评
1	安全/5S/态度	□1. 能进行工位 5S 操作 □2. 能进行设备和工具安全检查 □3. 能进行人员安全防护操作 □4. 能进行工具清洁、校准、存放操作 □5. 能进行三不落地操作	15	未完成1项扣3分	□熟练 □不熟练	□熟练 □不熟练	□合格 □不合格
2	专业技能能力	□1. 能正确地检测预充电阻电阻值、温度传感器电阻值、接触器功能 □2. 能按照规范正确地安装车载充电机、充电口 □3. 能按照规范正确地安装蓄电池组并紧固 □4. 能按照规范正确地安装预充电阻、接触器、电流传感器、绝缘测试仪等元件并紧固 □5. 能按照规范正确地安装高压插座及其连接线束 □6. 能按照规范正确地安装蓄电池组蓄电池采样线及其他低压线束 □7. 能进行动力蓄电池总成上电和充电测试	50	未完成1项扣5分	□熟练 □不熟练	□熟练 □不熟练	□合格 □不合格
3	工具及设备的使用能力	□1. 能正确地使用万用表 □2. 能正确地使用动力蓄电池总成装调工作平台 □3. 能正确地使用交、直流充电机和负载进行上电和充电测试	10	未完成1项扣3分	□熟练 □不熟练	□熟练 □不熟练	□合格 □不合格

（续）

序号	评分项	得分条件	分值	评分要求	自评	互评	师评
4	资料、信息查询能力	□1. 能正确地使用维修手册查询资料 □2. 能正确地记录查询资料章节及页码 □3. 能正确地记录工作任务信息	10	未完成1项扣3分	□熟练 □不熟练	□熟练 □不熟练	□合格 □不合格
5	数据判断和分析能力	□1. 能判断各元器件功能是否正常 □2. 能判断上电、充电测试结果是否正常	10	未完成1项扣3分	□熟练 □不熟练	□熟练 □不熟练	□合格 □不合格
6	表单填写报告的撰写能力	□1. 字迹清晰 □2. 语句通顺 □3. 无错别字 □4. 无涂改 □5. 无抄袭	5	未完成1项扣1分	□熟练 □不熟练	□熟练 □不熟练	□合格 □不合格

总分：
教师签名：

学习情境三

蓄电池管理系统及电路测量

纯电动汽车在使用过程中,要使动力蓄电池工作在合理的电压、电流和温度范围内,就需要对动力蓄电池进行有效的管理。实践证明,先进的蓄电池管理系统能够将动力蓄电池工作效率提高。对于镍氢蓄电池和锂离子蓄电池而言,有效管理尤其重要,如果管理不善,不仅会显著降低蓄电池的使用寿命,还可能引起火灾等安全事故。因此,蓄电池管理系统(BMS)是纯电动汽车的必备装置。

通过本学习情境的理论知识学习,应了解动力蓄电池控制单元的结构及原理,掌握蓄电池管理系统电路的测量方法;通过本学习情境的规范操作练习,应牢记正确的操作事项,养成良好的工作习惯和工作态度并有效地将其融入技能等级证书的考核和技能大赛中。

任务　蓄电池管理系统及电路测量的认知

【学习目标】

知识目标:

1)熟悉蓄电池管理系统的控制架构。

2)掌握蓄电池管理系统的主要功能。

3）掌握蓄电池管理系统的工作原理。

4）熟悉蓄电池管理系统相关的主要部件。

5）掌握蓄电池管理系统的电路控制逻辑。

技能目标：

1）具备读取仪表状态和蓄电池管理系统数据的能力。

2）具备识别蓄电池管理系统熔丝、高压线束、低压线束及接插件端子的能力。

3）具备测量蓄电池管理系统相关电路的能力。

素质目标：

1）在操作过程中树立高压安全操作意识。

2）通过制订故障检修流程，具备分析问题、解决问题的能力。

3）能在工作结束后按照 7S 管理的规定整理、恢复作业场地，养成良好的工作习惯。

【任务描述】

一辆吉利 EV450 电动汽车，车主反映：该车无法起动，踩下制动踏板按起动按钮，仪表上的绿色"Ready"灯不亮，动力系统故障指示灯亮。经检测，其故障为蓄电池管理系统损坏。需要更换。那么对蓄电池管理系统你了解多少呢？请根据车辆故障现象对故障进行检测、判断。

【获取信息】

一、蓄电池管理系统

动力蓄电池的能量储存与输出都需要模块来进行管理，即蓄电池能量管理模块，也称为蓄电池管理系统（BMS）。

1. 蓄电池管理系统的基本构架

BMS 按性质可分为硬件和软件，按功能可分为数据采集单元和控制单元。BMS 的硬件有主控盒、从控盒、高压控制盒、高压绝缘盒，还有采集电压、电流、温度等数据的电子传感器，软件包括底层软件和应用层软件，用来监测蓄电池的电压、电流、SOC 值、绝缘电阻值、温度值，通过与整车控制器、充电机的通信，控制蓄电池系统的充放电。

蓄电池管理系统的基本构架如图 2-121 所示，其主要作用见表 2-2。

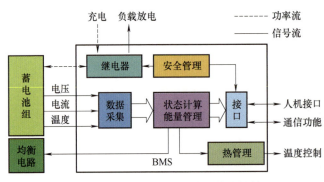

图 2-121 蓄电池管理系统的基本构架

表 2-2　BMS 部件的作用

部　件	作　用
主控盒	接收 VCU 的指令，根据高压回路的绝缘状况，控制正、负母线接触器的开闭以及整车安全上下电，接收从控盒采集的动力蓄电池电压、动力蓄电池温度及母线电流等数据，计算动力蓄电池的电压、电量及放电能力，与 VCU 或充电机通信，存储动力蓄电池充电次数，计算动力蓄电池使用寿命等
从控盒	对各动力蓄电池组或单体蓄电池的电压进行采集、计算与处理，找出最高电压电芯、最低电压电芯；计算电芯最高电压与最低电压的差值（应小于 0V）；充电时有一节单体蓄电池电压达到充电截止电压即停止充电，放电时有一节单体蓄电池电压降到放电截止电压即停止放电；通过可靠的数据传输通道与主控盒进行指令及数据的双向传输
高压控制盒	控制 PTC 加热装置、预充接触器和高压正、负母线接触器
高压绝缘盒	当接收到高压正、负母线接触器上电指令后，对高压回路进行绝缘性能检测；当检测到高压回路绝缘电阻值不合格时，立即高压下电并在仪表显示屏上报出高压绝缘故障提示；检测各个接触器触点的开闭状态并将结果报告给主控盒
传感器	采集动力蓄电池电压、电流和温度等信号
底层软件	架构符合汽车开发系统架构标准，可提高开发效率
应用层软件	BMS 的控制核心，包括动力蓄电池保护、电气保护、诊断管理、热管理、接触器控制、均衡控制等

2. 蓄电池管理系统的基本功能

BMS 通过电压、电流及温度检测等实现对蓄电池系统的过电压、欠电压、过电流、过高温和过低温保护，接触器控制，SOC 估算，充放电管理，加热或保温，均衡控制，故障报警及处理，与其他控制器通信等功能，此外蓄电池管理系统还具有高压回路绝缘检测功能，以及为蓄电池系统加热功能。

BMS 实时采集各单体的电压值、各温度传感器的温度值、蓄电池系统的总电压值和总电流值、蓄电池系统的绝缘电阻值等数据，根据 BMS 中设定的阈值判定蓄电池系统工作是否正常并对故障进行实时监控。蓄电池系统通过 BMS 使用 CAN 与整车控制器或充电机之间进行通信，对蓄电池系统进行充放电等综合管理。

从整车角度看，蓄电池管理系统（BMS）的作用或任务可以详述为如下几点：

1）保护单体蓄电池和蓄电池组不受到损害。

2）使蓄电池工作在合适的电压和温度范围内。

3）在保持蓄电池在合适的条件运行后，满足整车的需求。

4）蓄电池参数检测：总电压检测、总电流检测、单体电压检测、温度检测、绝缘检测、碰撞检测、阻抗检测、烟雾检测等。

5）蓄电池状态建立：状态包括荷电量（SOC）、蓄电池功率（SOP）、蓄电池健康状态（SOH）。

6）在线诊断故障：传感器故障、网络故障、蓄电池故障、绝缘故障等。

7）蓄电池安全保护和告警：包括温控系统控制和高压控制，当诊断出故障，BMS 上报故障给整车控制器和充电机，同时切断高压电路以保护蓄电池不受到损害。

8）充电控制：BMS 慢充和快充控制。

9）蓄电池一致性控制：BMS 采集单体蓄电池电压信息，采用均衡方式使单体蓄电池电压达到一致。

10）热管理功能：蓄电池组各点的温度采集，在充电和放电过程中，BMS 决定是否开启加热和冷却。

11）网络功能：如在线标定和检测、在线程序下载，通常采用 CAN 网络。

12）信息存储：BMS 需要存储关键数据，如 SOC、SOH、充放电安时数、故障码。

二、蓄电池管理系统的工作原理

BMS 的工作原理可简单归纳为：数据采集电路采集动力蓄电池状态信息数据后，由电控单元进行数据处理和分析，然后根据分析结果对系统内的相关功能模块发出控制指令，向外传递信息。

1. 充电原理

（1）预充电　车载充电机接收到充电枪插入信号后唤醒整车控制器及 BMS，BMS 进行初检和初始化，完成后上报给整车控制器。整车控制器控制主负接触器闭合，BMS 控制主负接触器闭合，对各单体蓄电池进行预充电，确定单体蓄电池无短路后，预充电完成。充电初期预充电流程如图 2-122 所示。

慢充流程：充电桩→车载充电机→高压控制盒→高压插接件→预充接触器→预充电阻→蓄电池组正极→主熔丝→蓄电池组负极→电流传感器→主负接触器→高压插接件→高压控制盒→车载充电机→充电桩，构成回路，进行预充。

快充流程：快充充电桩→高压控制盒→高压插接件→预充接触器→预充电阻→蓄电池组正极→主熔丝→蓄电池组负极→电流传感器→主负接触器→高压插接件→高压控制盒→快充桩，构成回路，进行预充。

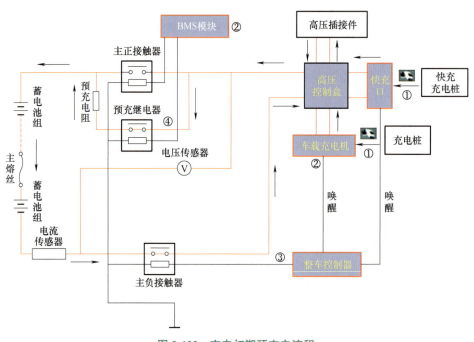

图 2-122　充电初期预充电流程

（2）充电　预充电完成后，BMS 闭合主正接触器，随后断开预充接触器，主电路接通，动力蓄电池开始充电。充电流程如图 2-123 所示。

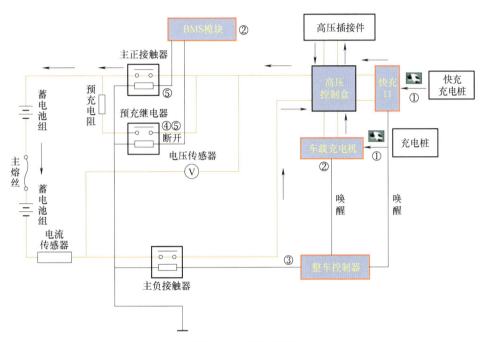

图 2-123　充电流程

慢充流程：充电桩→车载充电机→高压控制盒→高压插接件→主正接触器→蓄电池组正极→主熔丝→蓄电池组负极→电流传感器→主负接触器→高压插接件→高压控制盒→车载充电机→充电桩，构成回路，进行慢充。

快充流程：快充充电桩→高压控制盒→高压插接件→主正接触器→蓄电池组正极→主熔丝→蓄电池组负极→电流传感器→主负接触器→高压插接件→高压控制盒→快充充电桩，构成回路，进行快充。

2. 放电原理

（1）放电初期　打开起动开关至 ON 档，整车控制器唤醒 BMS，BMS 进行自检和初始化，完成后上报给整车控制器。整车控制器发出高压供电指令，BMS 开始按顺序控制接触器的闭合和断开。

因电路中电机控制器和空调压缩机控制器等含有电容，在放电初期，BMS 控制预充接触器闭合，给各控制器电容采用低压、小电流进行放电，当电容两端电压接近动力蓄电池总电压时，断开预充接触器。放电初期预充电流程如图 2-124 所示。

放电初期预充电流程：蓄电池组负极→主熔丝→蓄电池组正极→预充电阻→预充接触器→高压插接件→高压控制盒→主负接触器→电流传感器→动力蓄电池负极，构成回路，完成预充。

（2）放电　BMS 闭合主正接触器，断开预充接触器，主电路接通，动力蓄电池开始放电。放电流程如图 2-125 所示。

想一想：

预充电路的作用是什么？可以将预充电路取消吗？

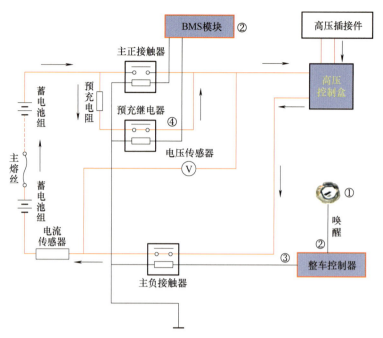

图 2-124　放电初期预充电流程

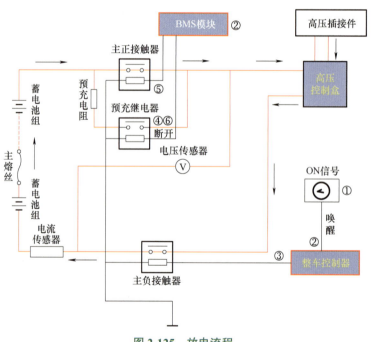

图 2-125　放电流程

放电流程：蓄电池组负极→主熔丝→蓄电池组正极→主正接触器→高压插接件→高压控盒→负载（图中未画出）→主负接触器→电流传感器→动力蓄电池负极，构成回路，完成放电。

3. 充电加热原理

当动力蓄电池在冬季低温环境下工作时，充、放电容量会降低。汽车充电容量会随温度的降低而下降，因而设置了动力蓄电池加热系统。当车辆充电时，如果单体蓄电池温度低于设定值，BMS 会控制加热接触器闭合，利用动力蓄电池内部的加热元件给单体蓄电池加热。充电加热流程如图 2-126 所示。

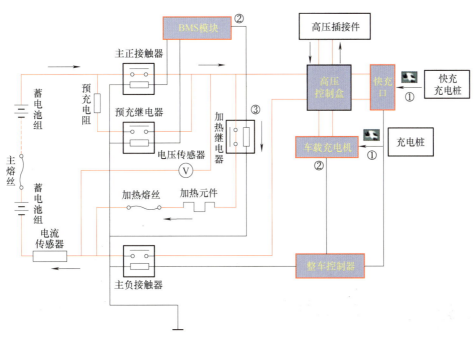

图 2-126 充电加热流程

三、动力蓄电池及蓄电池管理系统认知

在纯电动汽车中，动力蓄电池作为汽车唯一的动力来源，其电能的高低决定了电动汽车的行驶里程。其组成一般包括动力蓄电池组、结构系统、电气系统热管理系统、BMS等，图 2-127 所示为吉利 EV450 动力蓄电池的结构。

图 2-127 吉利 EV450 动力蓄电池的结构

1. 蓄电池组

吉利 EV450 动力蓄电池有 17 个蓄电池组，总电压为 346V，每个蓄电池组由 6 个单体蓄电池串联而成。蓄电池组电路板如图 2-128 所示。

2. BMS 及控制线束

通过检测蓄电池组中各单体蓄电池的状态来确定整个蓄电池系统的状态，根据单体蓄电池的状态对蓄电池系统进行对应的控制调整和策略实施,实现对蓄电池系统及各单体蓄电池的充、放电管理以保证蓄电池系统安全稳定地运行,进而达到增加行驶里程、延长使用寿命、降低运行成本的目的。吉利 EV450 电动汽车 BMS 如图 2-129 所示。

图 2-128　蓄电池组电路板　　　　图 2-129　吉利 EV450 电动汽车 BMS

3. 附件

附件主要包括蓄电池组连接线、冷却水管、熔丝等。

4. 高压组件系统

高压组件系统主要包括接触器总成、快充插件、高压插件等,如图 2-130 所示。

图 2-130　接触器总成、快充插件、高压插件

四、蓄电池管理系统电路分析及测量基础

随着现代汽车科技的快速发展,电动汽车上的电气设备变得越来越多,目前汽车电路原理图绘制并没有统一的标准,作为一名汽车维修工,能够正确识读电路原理图并且根据原理图信息正确分析、检测故障是一项必备技能。

吉利 EV450 电动汽车 BMS 电路如图 2-131、图 2-132 所示。

在吉利 EV450 电动汽车中,BMS 由整车控制器动力 CAN(PCAN)唤醒,由蓄电池及 IG2 进行供电,进入工作状态,通过采集线对蓄电池及蓄电池组进行数据采集,计算车辆能量管理状态，通过网络总线进行数据的传输。在动力蓄电池进行直流充电时，与直流充电插座进行通信验证，控制车辆预充接触器、总负接触器、总正接触器的顺序工作，满足充电要求。同时，对直流充电口的正、负极温度进行监测，确保快充过程安全。另外，BMS控制模块与ACU安全气囊模块以碰撞信号线连接，BMS在发生意外时能够第一时间断开高压电，确保车上人员的安全。

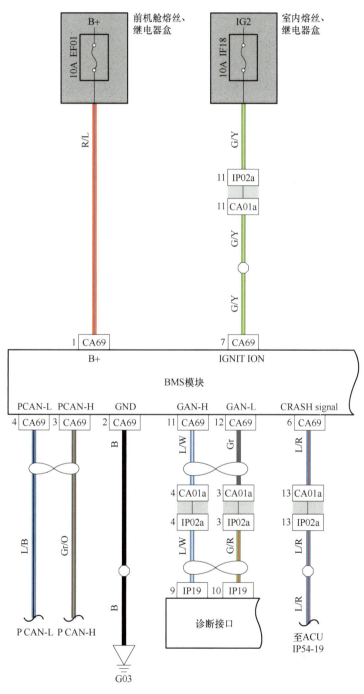

图 2-131　吉利 EV450 电动汽车 BMS 电路 1

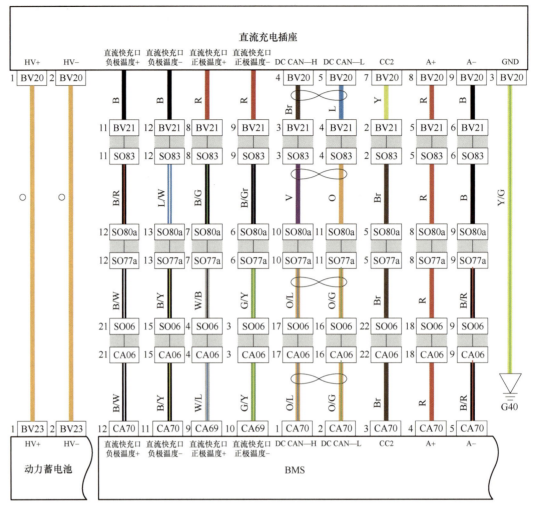

图 2-132　吉利 EV450 电动汽车 BMS 电路 2

知识拓展

蓄电池系统设计要求

蓄电池系统是用来给电动汽车的驱动提供能量的一种能量储存装置,由一个或多个蓄电池包以及蓄电池管理系统组成。蓄电池系统设计要以满足整车的动力要求和其他设计为前提,同时要考虑蓄电池系统自身的内部结构和安全及管理设计等方面。

例如整车厂会针对要设计的整车,在考虑安全设计、线束连接线设计、接插件设计等相关要求后,形成一个大小有限的蓄电池系统空间。然后在有限的空间约束下,进行蓄电池组、蓄电池管理系统、热管理系统、高压系统等的布置,保证单体蓄电池及蓄电池组均匀散热,保证蓄电池的一致性,提高蓄电池系统的使用寿命与安全。设计时,要考虑到的一些整体和通用性原则包括安全性好、高比能量、高比功率、温度适应性强、使用寿命长、安装维护性强、综合成本低等。

蓄电池管理系统及电路测量的认知	学习任务单	班级:
		姓名:

1. 动力蓄电池的能量储存与输出都需要模块来进行管理,即蓄电池能量管理模块,也称为蓄电池管理系统(＿＿＿＿＿＿)。

2. 简述 BMS 的主要功能。

3. 根据下图判断工作状态并简述其工作过程。

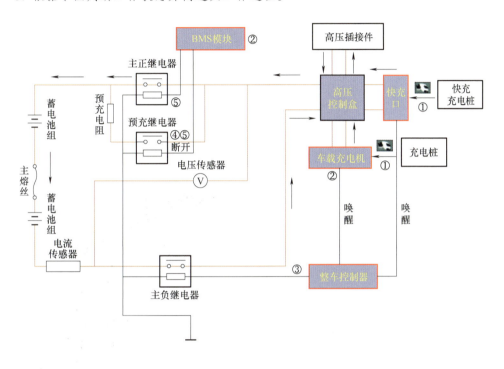

4. 在下图中标出直流母线和快充高压插件。

【任务实施】 蓄电池管理系统及电路测量

实训器材

1）吉利 EV450 电动汽车、故障诊断仪、转接测试盒、维修手册、绝缘工具套装、万用表、绝缘表、照明灯、抹布、气动扳手等。

2）安全防护用品：人员防护套装、车辆防护套装等。

作业准备

1）检查实训工位。

2）绝缘工具、万用表等物品在工位摆放整齐。

3）做好人员防护和车辆防护。

【操作步骤】

一、仪表状态和蓄电池管理系统数据读取

1）检查蓄电池电压（图 2-133），填写任务单，标准值为 11~14V。

2）起动车辆，根据仪表显示的故障信息（图 2-134）填写任务单。

3）连接故障诊断仪，读取数据流，填写任务单。

① 连接诊断仪，确认连接状态，如图 2-135 所示。

图 2-133 蓄电池电压

图 2-134 车辆仪表故障显示

② 进入系统选择车型，读取蓄电池管理系统数据流，如图 2-136 所示。

项目二　动力蓄电池的装调与测试

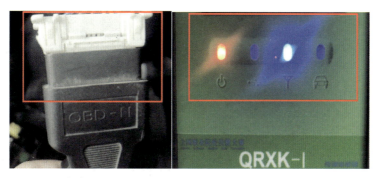

图 2-135　连接诊断仪确认连接状态

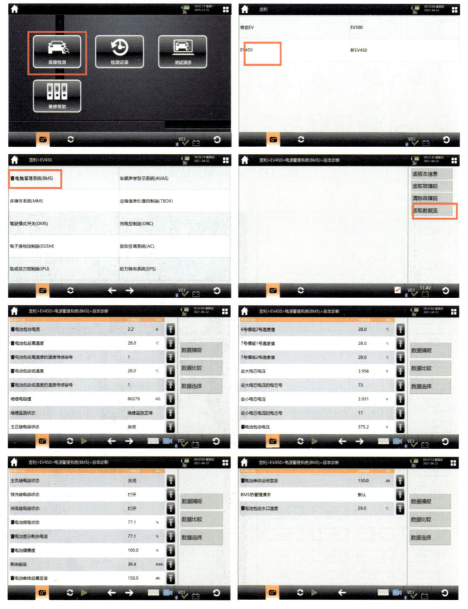

图 2-136　读取蓄电池管理系统数据流

二、蓄电池管理系统熔丝、高压线束、低压线束及接插件端子识别

1）识别蓄电池管理系统熔丝（EF01、IF18），如图 2-137、图 2-138 所示。

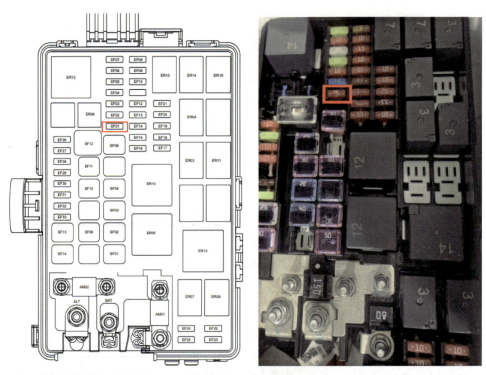

图 2-137　EF01 熔丝位置

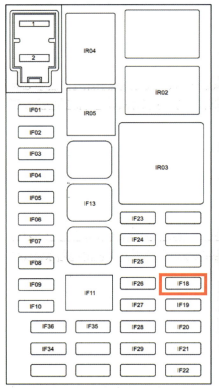

图 2-138　IF18 熔丝位置

2）识别蓄电池管理系统低压线束端子。

① 低压插接件 CA69、CA70 的位置如图 2-139 所示。

② 低压插接件 CA69、CA70 端子的定义见表 2-3、表 2-4。

图 2-139　低压插接件 CA69、CA70 的位置

表 2-3　低压插接件 CA69 端子的定义

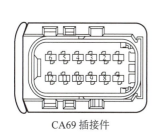

CA69 插接件

连接端子	端子描述
CA69-1	连接供电
CA69-2	连接搭铁
CA69-3	连接 P CAN-H
CA69-4	连接 P CAN-L
CA69-5	—
CA69-6	连接 ACU
CA69-7	连接 IG2
CA69-8	—
CA69-9	直流快充口正极温度 +
CA69-10	直流快充口正极温度 −
CA69-11	连接 CAN-H
CA69-12	连接 CAN-L

表 2-4　低压插接件 CA70 端子的定义

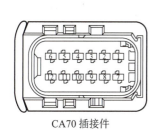

CA70 插接件

连接端子	端子描述
CA70-1	连接 DC CAN-H
CA70-2	连接 DC CAN-L
CA70-3	连接直流充电 CC2
CA70-4	连接直流充电 A+
CA70-5	连接直流充电 A−
CA70-6	—
CA70-7	—
CA70-8	—
CA70-9	—
CA70-10	—
CA70-11	直流快充口负极温度 −
CA70-12	直流快充口负极温度 +

三、蓄电池管理系统电路测量

2-3-1 EV450 整车蓄电池管理系统电源电路测量

1. BMS 电源电路测量

（1）检查 BMS 熔丝 EF01 和 IF18

1）测量熔丝 EF01 两端电压，如图 2-140 所示，电压标准值为 11~14V。

图 2-140　测量熔丝 EF01 两端电压

2）打开起动开关，测量熔丝 IF18 两端电压，如图 2-141 所示，电压标准值为 11~14V。

图 2-141　测量熔丝 IF18 两端电压

（2）检查 BMS 搭铁端子导通性

1）操作起动开关使电源模式至 OFF 档。

2）断开 BMS 低压线束，连接外接接线盒，如图 2-142 所示。

图 2-142　断开模块线束，连接接线盒

3）测量 BMS 线束插接器 CA69 端子 2 与车身搭铁之间的电阻值。电阻标准值应小于 1Ω，如图 2-143 所示。

（3）检查 BMS 供电端子电压

1）操作起动开关使电源模式至 ON 状态。

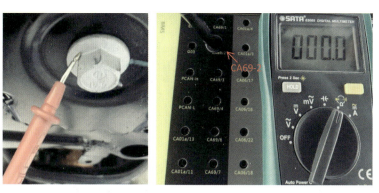

图 2-143 测量线束插接器 CA69 端子 2 与车身搭铁之间的电阻值

2）测量 BMS 线束插接器 CA69 端子 1、7 对车身搭铁的电压，如图 2-144、图 2-145 所示，电压标准值为 11~14V。

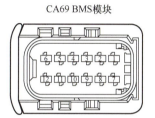
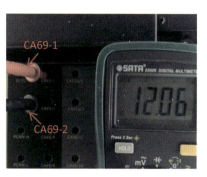

图 2-144 测量线束插接器 CA69 端子 1 对车身搭铁的电压

图 2-145 测量线束插接器 CA69 端子 7 对车身搭铁的电压

2. BMS 通信电路测量

1）操作起动开关使电源模式至 OFF 档，断开蓄电池负极连接，找到对应端子 CA69-3 和 CA69-4，测量 P CAN-H 与 P CAN-L 之间的电阻值，如图 2-146 所示，电阻标准值约为 60Ω。

2）操作起动开关使电源模式至 ON 档，测量 P CAN-H（CA69-3）对车身搭铁电压，如图 2-147 所示，标准电压约为 2.8V。

3）操作起动开关使电源模式至 ON 档，测

图 2-146 P CAN-H 与 PCAN-L 之间的电阻值

扫一扫

2-3-1 EV450 整车蓄电池管理系统通信电路测量

量 P CAN-L（CA69-4）对车身搭铁电压，如图 2-148 所示，标准电压约为 2.2V。

图 2-147　P CAN-H 对车身搭铁电压

图 2-148　P CAN-L 对车身搭铁电压

四、竣工检验

1）起动车辆，观察仪表信息显示。

2）用故障诊断仪再次读取故障码及数据流。

3）整理、恢复作业场地。

> **竞赛小知识**
>
> 在新能源汽车整车故障诊断与排除过程中，当用万用表笔测试 CAN 线电阻值时，一定要将蓄电池负极连接断开，否则会影响测试结果。在 CAN 线路测试时，也可借助示波器进行检测，利用波形分析、诊断故障。

蓄电池管理系统及电路测量		工作任务单	班级：	
			姓名：	
1. 车辆信息记录				
品牌		整车型号		生产日期
驱动电机型号		蓄电池电量		行驶里程
车辆识别代号				
2. 作业场地准备				
检查、设置隔离栏				□是　□否
检查、设置安全警示牌				□是　□否
检查灭火器压力、有效期				□是　□否
安装车辆挡块				□是　□否
3. 记录仪表指示灯状态				

（续）

4. 使用诊断仪读取故障码、数据流	
故障码	
数据流	

5. 画 BMS 控制电路简图并分析

6. 电路测量检测

检测对象	检测条件	检测值	标准值	结果判断

7. 竣工检验	
车辆是否正常上电	□是 □否
车辆是否有故障码	□是 □否
8. 作业场地恢复	
拆卸车内三件套	□是 □否
拆卸翼子板布	□是 □否
将高压警示牌等放至原位置	□是 □否
清洁、整理场地	□是 □否

	课证融通考评单		实习日期:	
姓名:		班级:		学号:
自评: □熟练 □不熟练		互评: □熟练 □不熟练		师评: □合格 □不合格
日期:		日期:		日期:

蓄电池管理系统及电路测量的认知【评分细则】

序号	评分项	得分条件	分值	评分要求	自评	互评	师评
1	安全/5S/态度	□1. 能进行工位 5S 操作 □2. 能进行设备和工具安全检查 □3. 能进行人员安全防护操作 □4. 能进行工具清洁、校准、存放操作 □5. 能进行三不落地操作	15	未完成1项扣3分	□熟练 □不熟练	□熟练 □不熟练	□合格 □不合格
2	专业技能能力	□1. 能佩戴绝缘手套、护目镜检查蓄电池包外壳有无异常磕碰或损坏 □2. 报告教师后，能将车辆上、下电 □3. 能正确连接故障诊断盒 □4. 能正确找到蓄电池管理系统供电、搭铁、P CAN 线端子 □5. 能正确使用万用表进行供电电路、通信电路测量 □6. 能断开蓄电池负极连接后测量阻	50	未完成1项扣5分	□熟练 □不熟练	□熟练 □不熟练	□合格 □不合格
3	工具及设备的使用能力	□1. 能正确地检查故障诊断盒连接线、端子 □2. 能正确地查找电路图中的端子 □3. 能正确地进行故障诊断盒的连接	10	未完成1项扣3分	□熟练 □不熟练	□熟练 □不熟练	□合格 □不合格
4	资料、信息查询能力	□1. 能正确地查询蓄电池管理系统电路图 □2. 能正确地使用维修手册查询资料 □3. 能正确地记录查询资料章节及页码 □4. 能正确地记录工作任务信息	10	未完成1项扣3分，扣分不得超过10分	□熟练 □不熟练	□熟练 □不熟练	□合格 □不合格
5	数据判断和分析能力	□1. 能判断供电、通信电路是否正常 □2. 能判断万用表检测结果是否正常	10	未完成1项扣3分	□熟练 □不熟练	□熟练 □不熟练	□合格 □不合格
6	表单填写报告的撰写能力	□1. 字迹清晰 □2. 语句通顺 □3. 无错别字 □4. 无涂改 □5. 无抄袭	5	未完成1项扣1分	□熟练 □不熟练	□熟练 □不熟练	□合格 □不合格

总分:

教师签名:

项目三

动力蓄电池的性能试验与故障检修

蓄电池系统作为电动汽车核心三电部件之一,其动力输出性能将直接影响整车的动力性与续驶里程。因此它储存的电能、质量和体积对电动汽车的性能有着决定性的影响,试验验证蓄电池系统的电性能在电动汽车的设计开发过程中显得尤为重要。

动力蓄电池的性能试验与故障检修项目包括两个学习情境:动力蓄电池的性能试验和动力蓄电池的故障检修。

项目三 动力蓄电池的性能试验与故障检修
- 学习情境一 动力蓄电池的性能试验
  - 任务一 动力蓄电池单体的测试
  - 任务二 动力蓄电池组的测试
- 学习情境二 动力蓄电池的故障检修
  - 任务一 动力蓄电池的数据采集与分析
  - 任务二 动力蓄电池的故障诊断与排除

学习情境一

动力蓄电池的性能试验

通过理论知识学习,了解单体蓄电池性能试验,根据动力蓄电池性能测试的工作要求标准,掌握常见性能测试仪和诊断仪器的使用。

依据《电动汽车用动力蓄电池循环寿命要求及试验方法》(GB 31484—2015)和《电动汽车用动力蓄电池安全要求》(GB 38031—2020),进行单体蓄电池性能诊断的操作练习,牢记正确的试验方法及操作事项,养成严谨的工作态度并有效地融入技能等级证书的考核和技能大赛中。

任务一 动力蓄电池单体的测试

知识目标:

1)掌握动力蓄电池单体测试的国标试验准备及测试条件。

2)掌握动力蓄电池单体测试中标准充电的要求。

3)掌握动力蓄电池单体测试的项目及安全要求。

技能目标:

1)具备理解动力蓄电池单体测试的试验条件的能力。

2）具备理解动力蓄电池单体测试的安全要求及预处理方法的能力。

3）具备理解动力蓄电池单体测试时对测试仪器及仪器准确度的要求的能力。

4）具备上位机软件的使用及动力蓄电池单体测试和数据采集的能力。

素养目标：

1）严格执行 GB 31484—2015 和 GB 38031—2020 的操作规范，养成严谨科学的工作态度。

2）尊重他人劳动，不窃取他人成果。

3）养成总结训练过程和结果的习惯，为下次训练积累经验。

4）培养团结协作精神，养成规范作业的良好工作习惯。

5）严格执行 7S 现场管理。

【任务描述】

小王在一家新能源汽车 4S 店工作，今天接到了一辆事故车，车辆的蓄电池单体和蓄电池组都出现了问题需要进行维修、更换。更换蓄电池单体前，需要维修人员对蓄电池单体的基础知识、工作要求及测试仪器设备的使用有全面的认识。

【获取信息】

一、动力蓄电池单体测试的一般规定

动力蓄电池单体测试时的一般定义：

I_1：1h 率放电电流，其数值等于额定容量值。

I_3：3h 率放电电流，其数值等于额定容量值的 1/3。

C_3：3h 率额定容量。

二、动力蓄电池单体测试的一般条件

1. 环境要求

除另有规定，试验环境温度为 22℃ ±5℃，相对湿度为 10%~90%，大气压力为 86~106kPa。

2. 对制造商要求

测试过程中的充放电倍率大小、充放电方法和充放电截止条件由制造商提供。

3. 额定容量要求

单体蓄电池、蓄电池包或系统的额定容量应符合制造商提供的产品技术条件。

4. 完全充电要求

除有特殊规定，试验对象均以制造商规定的完全充电状态进行测试。

5. 充电电流的要求

单体蓄电池、蓄电池包或系统放电电流符号为正，充电电流符号为负。

6. 测量仪器、仪表准确度

测量仪器、仪表准确度应不低于以下要求（FS 即满量程）：

1）电压测量装置：±0.5%FS。

2）电流测量装置：±0.5%FS。

3）温度测量装置：±0.5℃。

4）时间测量装置：±0.1%FS。

5）尺寸测量装置：±0.1%FS。

6）质量测量装置：±0.1%FS。

7. 测试过程误差的要求

控制值（实际值）与目标值之间的误差要求如下：

1）电压：±1%。

2）电流：±1%。

3）温度：±2℃。

> **想一想：**
> 单体蓄电池测试的条件有哪些？这些测试条件对动力蓄电池有什么样的影响？

三、动力蓄电池单体试验准备

1. 标准充电

动力蓄电池单体先以制造商规定且不小于 $1I_3$ 的电流放电至制造商技术条件中规定的放电终止电压，搁置 1h（或制造商提供的不大于 1h 的搁置时间），然后按制造商提供的充电方法进行充电，充电后搁置 1h（或制造商提供的不大于 1h 的搁置时间）。

若制造商未提供充电方法，则由检测机构和制造商协商确定合适的充电方法，或依据以下方法充电：以制造商规定且不于 $1I_3$ 的电流恒流充电，至动力蓄电池单体达到制造商技术条件中规定的充电终止电压时转恒压充电，至充电电流降至 $0.05I_1$ 时停止充电，充电后搁置 1h（或制造商提供的不大于 1h 的搁置时间）。

2. 预处理

正式开始测试前，动力蓄电池单体需要先进行预处理循环，以确保试验对象的性能处于激活和稳定的状态。预处理的步骤如下：

1）按照标准充电的要求对动力蓄电池单体进行标准充电。

2）以制造商规定的且不小于 $1I_3$ 的电流放电至制造商规定的放电截止条件。

3）静置 30min 或制造商规定时间。

4）重复步骤 1）~3）不超过 5 次。

如果动力蓄电池单体连续两次的放电容量变化不高于额定容量的 3%，则认为动力蓄电池单体完成了预处理，预处理循环可以中止。

> **头脑风暴：**
> 动力蓄电池标准充电有哪些充电方式？充电顺序分别是什么？

四、动力蓄电池单体测试的常检测项目及安全要求

1. 外观检测

在良好的光线条件下,用目测法检查动力蓄电池单体的外观,不得有变形及裂纹,表面应平整、干燥、无外伤、无污物等,且标志清晰、正确,如图 3-1 所示。

2. 极性检测

用电压表检测蓄电池极性,端子极性应正确并应有正、负极的清晰标识,如图 3-2 所示。

图 3-1 动力蓄电池单体的外观

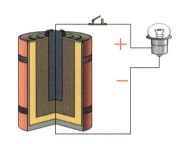

图 3-2 动力蓄电池单体的极性检测

3. 外观尺寸及质量

进行动力蓄电池单体外形尺寸、质量测量时,所用的量具和仪器、测量要求应符合生产企业提供的技术条件。

4. 20℃放电容量

1)动力蓄电池单体按标准充电的方法充电。

2)动力蓄电池单体在 20℃ ±5℃条件下以 1I_3 电流放电,直到放电终止电压为 3.0V 或企业技术条件中规定的放电终止电压。

3)用 1I_3 的电流值和放电时间数据计算容量(以 A·h 计)。

4)如果计算值低于规定值,可以重复 1)~3)步骤直至不小于规定值,允许 5 次。

按上述方法检验动力蓄电池单体 20℃放电容量时,其容量应不低于企业提供的技术条件中规定的额定值,同时容量应不高于企业提供的技术条件中规定的额定值的 110%。

5. 20℃倍率放电容量

(1)能量型蓄电池

1)动力蓄电池单体按标准充电的方法充电。

2)动力蓄电池单体在 20℃ ±5℃条件下以 4.5I_3 电流放电,直到放电终止电压为 3.0V 或企业技术条件中规定的放电终止电压。

3)用 2)的放电电流值和放电时间数据计算容量(以 A·h 计),并表达为额定容量的百分数。

按上述方法试验能量型蓄电池 20℃倍率放电容量时,其容量应不低于额定值的 90%。

(2)功率型蓄电池

1)动力蓄电池单体按标准充电的方法充电。

2)动力蓄电池单体在 20℃ ±5℃条件下以 12I_3 电流放电,直到放电终止电压为 2.8V

或企业技术条件中规定的放电终止电压。

3）用2）的放电电流值和放电时间数据计算容量（以 A·h 计），并表达为额定容量的百分数。

按上述方法试验功率型蓄电池 20℃ 倍率放电容量时，其容量应不低于额定值的 80%。如图 3-3 所示为能量型蓄电池与功率型蓄电池。

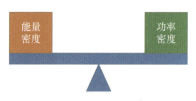

图 3-3　能量型蓄电池与功率型蓄电池

6. 常温与高温荷电保持与容量恢复能力

1）动力蓄电池单体按标准充电的方法充电。

2）动力蓄电池单体在 20℃ ±5℃ 条件下储存 28 天。

3）动力蓄电池单体在 20℃ ±5℃ 条件下以 $1I_3$ 电流放电，直到放电终止电压为 3.0V 或企业技术条件中规定的放电终止电压。

4）用3）的电流值和放电时间数据计算容量（以 A·h 计），荷电保持能力可以表达为额定容量的百分数。

5）动力蓄电池单体再次按标准充电的方法充电。

6）动力蓄电池单体在 20℃ ±5℃ 条件下以 $1I_3$ 电流放电，直到放电终止电压为 3.0V 或企业技术条件中规定的放电终止电压。

7）用6）的电流值和放电时间数据计算容量（以 A·h 计），容量恢复能力可以表达为额定容量的百分数。

按上述方法试验动力蓄电池单体常温与高温荷电保持与容量恢复能力时，要求其常温及高温荷电保持率应不低于额定值的 80%，容量恢复能力应不低于额定值的 90%。

7. 储存

1）动力蓄电池单体按标准充电的方法充电。

2）动力蓄电池单体在 20℃ ±5℃ 条件下以 $1I_3$ 电流放电 2h。

3）动力蓄电池单体在 20℃ ±5℃ 条件下储存 90 天。

4）动力蓄电池单体按标准充电的方法充电。

5）动力蓄电池单体在 20℃ ±5℃ 条件下以 $1I_3$ 电流放电，直到放电终止电压为 3.0V 或企业技术条件中规定的放电终止电压。

6）用5）的电流值和放电时间数据计算容量（以 A·h 计），容量恢复能力可以表达为额定容量的百分数。如果容量低于额定值的 95%，可重复 4）和 5）步骤，最多可以重复 5 次。

按上述方法试验动力蓄电池单体储存能力时，要求其容量恢复应不低于额定值的 95%。

8. 循环寿命

1）动力蓄电池单体按标准充电的方法充电。

2）动力蓄电池单体在 20℃ ±5℃ 条件下以 $1.5I_3$ 电流放电，直到放电容量达到额定容量的 80%。

3）动力蓄电池单体按标准充电的方法充电。

4）动力蓄电池单体按 2）~3）步骤连续重复 24 次。

5）按 20℃ 放电容量的方法检查动力蓄电池单体容量。如果动力蓄电池单体容量小于额定容量的 80%，则终止试验。

6）2)-5）步骤在规定条件下重复的次数为循环寿命数。

动力蓄电池单体按照上述方法进行试验时，要求其循环寿命应不少于 500 次。

9. 安全性

1）所有动力蓄电池单体安全试验均在有充分环境保护的条件下进行。

2）动力蓄电池单体安全性的试验一般包括过放电、过充电、短路、加热等试验。

在 GB 38031—2020 中删除了动力蓄电池单体跌落的安全要求和试验方法，同时删除了动力蓄电池单体针刺的安全要求和试验方法。3 种动力蓄电池的针刺实验对比如图 3-4 所示。

图 3-4 3 种动力蓄电池的针刺实验对比

3）动力蓄电池单体安全性试验的要求如下：

① 动力蓄电池单体进行过放电试验时，应不爆炸、不起火、不漏液。

② 动力蓄电池单体进行过充电试验时，应不爆炸、不起火。

③ 动力蓄电池单体进行外部短路试验时，应不爆炸、不起火。

④ 动力蓄电池单体进行加热试验时，应不爆炸、不起火。

⑤ 动力蓄电池单体进行温度循环试验时，应不起火、不爆炸。

⑥ 动力蓄电池单体进行挤压试验时，应不起火、不爆炸。

想一想：

单体蓄电池测试中安全性测试有哪几种？要求是什么？

_____
_____
_____
_____

动力蓄电池单体的测试	学习任务单	班级： 姓名：

1. 阐述动力蓄电池单体测试中的一般条件。

1）_____   2）_____
3）_____   4）_____
5）_____   6）_____
7）_____

2. 写出动力蓄电池单体测试中标准充电的定义。

_____
_____
_____

3. GB 38031—2020 规定动力蓄电池单体测试的常检测项目有_____、外观尺寸及质量、_____、_____、_____、储存、_____和安全性，其中安全性的试验测试一般包括_____、_____、_____、加热等试验。

【任务实施】 动力蓄电池单体的测试及数据采集

实训器材

上位机软件、动力蓄电池总成装调工作平台、电脑、绝缘防护用品用具等。

作业准备

1）检查实训工位。
2）将动力蓄电池台架、绝缘防护用品用具等物品在工位摆放整齐。
3）安装上位机软件，将软件诊断盒在工位摆放整齐。
4）做好人员防护。

【操作步骤】

一、动力蓄电池单体的外观、极性试验

1. 动力蓄电池单体的外观检测

采用目测法检测动力蓄电池单体的外观是否有裂纹、漏液、变形，极柱是否松脱，如图 3-5 所示。

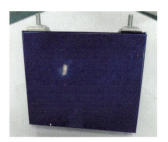

图 3-5 动力蓄电池单体的外观

2. 极性试验

用电压表检测动力蓄电池单体的极性，如图 3-6 所示。当检测结果为正时，与红表笔相接触的为正极，与黑表笔相接触的为负极。

二、动力蓄电池单体数据采集

图 3-6 用电压表检测动力蓄电池单体的极性

动力蓄电池单体数据采集需要通过上位机软件。连接 CAN 盒后，打开上位机软件，对打开的上位机软件进行初始化的设置，可读取和采集动力蓄电池单体的数据参数。

1. 安装 BMS 上位机软件

安装 BMS 上位机软件，如图 3-7 所示。

扫一扫

3-1-1 单体蓄电池的极性试验

图 3-7　BMS 上位机软件

2. 连接并安装 CAN 盒驱动

CAN 盒的连接如图 3-8 所示。

3. 上位机软件数据设置和读取

1）打开上位机软件，在主界面如图 3-9 所示上方"设备类型"中，将"设备型号"设置为"VCI_USBCAN2（默认）""索引号"设置为"0""通道号"设置为"0""波特率"设置为"250kbs"。

图 3-8　CAN 盒的连接

图 3-9　上位机软件主界面

2）观察主界面左下方"设备状态"，若显示已准备，依次单击主界面右上方"连接"和"启动"。

3）连接启动后，上位机软件会接受到来自 BMS 的信息并实时显示（若显示连接失败，请重新安装 CAN 盒驱动后再次连接）。在主页面信息中主要包含以下信息：

总电流：电路中总电流数值。在静置时，数值为零；放电时，数值为正；充电时，数值为负。

总电压：电路中总电压数值。

蓄电池最高温度：蓄电池组中，温度最高动力蓄电池单体的温度数据。蓄电池温度上限为 120℃。

蓄电池最低温度：蓄电池组中，温度最低动力蓄电池单体的温度数据。蓄电池温度下限为 −50℃。当显示值为 −50℃时，为温度采集线掉线。

温差：蓄电池组中，温度最高动力蓄电池单体与温度最低动力蓄电池单体间的温度数据差值。

最高温度编号：蓄电池组中，温度最高单体的编号。

最低温度编号：蓄电池组中，温度最低单体的编号。

最低温度模块地址：显示最低温度模块地址信息。

最低电压模块地址：显示最低电压模块地址信息。

安全警告：显示当前系统检测到的故障信息，在系统各项参数符合预先设定值时，显示无故障。当检测到故障时，会显示出故障原因。若发生故障不止 1 种，用户可直接单击此处查看所有故障。

SOC：蓄电池当前剩余容量值。

单体最高电压：蓄电池组中，电压最高动力蓄电池单体的电压数值。

单体最低电压：蓄电池组中，电压最低动力蓄电池单体的电压数值。

压差：蓄电池组中，电压最高动力蓄电池单体与电压最低动力蓄电池单体间的电压差值。

单体最高电压编号：显示电压最高单体的编号。

单体最低电压编号：显示电压最低单体的编号。

最高温度模块地址：显示最高温度模块的地址信息。最高电压模块地址：显示最高电压模块地址信息。

4）单击主界面"实时信息"，如图 3-10 所示，可以查看当前蓄电池组中各动力蓄电池单体的电压值及各个动力蓄电池箱体的温度信息。

5）单击主界面"配置"，如图 3-11 所示，可读取和配置系统的各项参数，包含有以下内容。

基本配置参数：如图 3-12 所示，单击读参数后，可以读取到 CCM 主控模块地址、总容量、剩余容量、动力蓄电池单体电压校准值、电流传感器量程的参数信息。此界面信息不可修改。

单体电压故障参数：如图 3-13 所示，单击读参数后，可以读取到单体过压一级故障阀值、单体过压一级故障释放阀值、单体过压二级故障阀值、单体过压二级故障释放阀值、单体过压三级故障阀值、单体过压三级故障释放阀值、单体欠压一级故障阀值、单体欠压一级故障释放阀值、单体欠压二级故障阀值、单体欠压二级故障释放阀值、单体欠压三级故障阀值、单体欠压三级故障释放阀值的参数信息。此界面信息为系统预设值，不可修改。

项目三　动力蓄电池的性能试验与故障检修

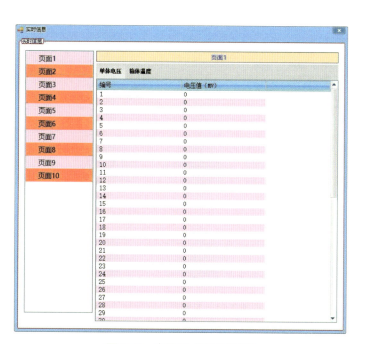

图 3-10　主界面"实时信息"

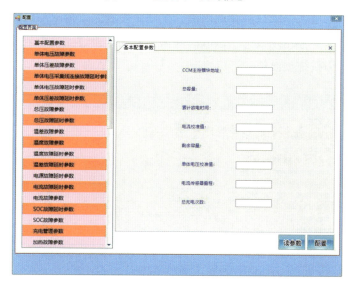

图 3-11　主界面"配置"

图 3-12　基本配置参数

137

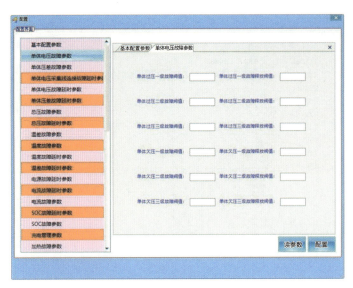

图 3-13　单体电压故障参数

单体压差故障参数：如图 3-14 所示，单击读参数后，可以读取到单体压差过大一级故障阀值、单体压差过大一级故障释放阀值、单体压差过大二级故障阀值、单体压差过大二级故障释放阀值、单体压差过大三级故障阀值、单体压差过大三级故障释放阀值的参数信息。此界面信息为系统预设值，不可修改。

图 3-14　单体压差故障参数

单体电压采集线连接故障延时参数：如图 3-15 所示，单击读参数后，可以读取到单体电压采集线连接一级故障延时、单体电压采集线连接一级故障释放延时、单体电压采集线连接二级故障延时、单体电压采集线连接二级故障释放延时、单体电压采集线连接三级故障延时、单体电压采集线连接三级故障释放延时的参数信息。此界面信息为系统预设值，不可修改。

单体电压故障延时参数：如图 3-16 所示，单击读参数后，可以读取到单体过压一级故障延时、单体过压一级故障释放延时、单体过压二级故障延时、单体过压二级故障释放延时、单体过压三级故障延时、单体电压三级故障释放延时、单体欠压一级故障延时、单体欠压一级故障释放延时、单体欠压二级故障延时、单体欠压二级故障释放延时、单体欠压三级故障延时、单体欠压三级故障释放延时的参数信息。此界面信息为系统预设值，不可修改。

单体压差故障延时参数：如图 3-17 所示，单击读参数后，可以读取到单体压差过大一级故障延时、单体压差过大一级故障释放延时的参数信息。此界面信息为系统预设值，不可修改。

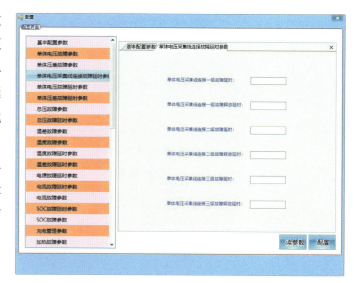

图 3-15　单体电压采集线连接故障延时参数

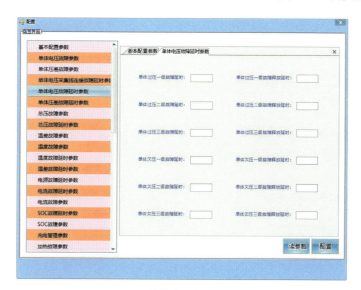

图 3-16　单体电压故障延时参数

图 3-17　单体压差故障延时参数

139

竞赛小知识

在新能源汽车动力蓄电池装调与检测竞赛模块中，当连接上位机软件进行测试时，一定要注意 CAN 通道的选择，连接时若选错接口，将会导致数据采集错误。

动力蓄电池单体的测试及数据采集		工作任务单	班级：	
			姓名：	

1. 蓄电池信息记录

品牌		型号		生产日期	
		蓄电池电量			

2. 作业场地准备

检查、设置隔离栏	□是 □否
检查、设置安全警示牌	□是 □否
检查灭火器压力、有效期	□是 □否

动力蓄电池单体的外观、极性试验			其他
准备工作	绝缘手套耐压等级	耐压等级：	
	万用表校零电阻值	测量结果：	
	内阻测试仪校零电阻值	测量结果：	
动力蓄电池单体的外观	动力蓄电池单体外观标识是否清晰	目测结果：	目测法检测
	动力蓄电池单体外观是否有裂纹	目测结果：	
	动力蓄电池单体外观是否有变形	目测结果：	
	动力蓄电池单体是否有漏液	目测结果：	
	动力蓄电池单体极柱是否松脱	目测结果：	
	动力蓄电池单体外观是否脏污	目测结果：	
动力蓄电池单体的极性试验	动力蓄电池单体正、负极柱是否标注清晰	目测结果：	
	万用表测量蓄电池极性	测量结果：	

动力蓄电池单体数据采集	
异常数据	

项目三 动力蓄电池的性能试验与故障检修

	课证融通考评单		实习日期:
姓名:	班级:		学号:
自评：□熟练　□不熟练	互评：□熟练　□不熟练		师评：□合格　□不合格
日期：	日期：		日期：

动力蓄电池单体的测试【评分细则】

序号	评分项	得分条件	分值	评分要求	自评	互评	师评
1	安全/5S/态度	□ 1. 能进行工位 5S 操作 □ 2. 能进行设备和工具安全检查 □ 3. 能进行人员安全防护操作 □ 4. 能进行工具清洁、校准、存放操作 □ 5. 能进行三不落地操作	15	未完成 1 项扣 3 分	□熟练 □不熟练	□熟练 □不熟练	□合格 □不合格
2	专业技能能力	□ 1. 能佩戴绝缘手套、护目镜检查蓄电池包外壳有无异常磕碰或损坏 □ 2. 报告教师后，能打开电源开关上电 □ 3. 能正确地启动技术平台并进入上位机软件 □ 4. 能正确地读取蓄电池系统异常数据并记录在作业单上 □ 5. 能正确地连接动力蓄电池测试台架电源线、测试线	50	未完成 1 项扣 5 分	□熟练 □不熟练	□熟练 □不熟练	□合格 □不合格
3	工具及设备的使用能力	□ 1. 能正确地检查动力蓄电池测试台架连接线、按键 □ 2. 能正确地安装上位机软件 □ 3. 能正确地进行上位机诊断盒的连接	10	未完成 1 项扣 3 分	□熟练 □不熟练	□熟练 □不熟练	□合格 □不合格
4	资料、信息查询能力	□ 1. 能正确地判断单体蓄电池极性 □ 2. 能正确地使用维修手册查询资料 □ 3. 能正确地记录查询资料章节及页码 □ 4. 能正确地记录工作任务信息	10	未完成 1 项扣 3 分，扣分不得超过 10 分	□熟练 □不熟练	□熟练 □不熟练	□合格 □不合格
5	数据判断和分析能力	□ 1. 能判断动力蓄电池单体外观是否正常 □ 2. 能判断上位机软件是否正常	10	未完成 1 项扣 3 分	□熟练 □不熟练	□熟练 □不熟练	□合格 □不合格
6	表单填写报告的撰写能力	□ 1. 字迹清晰 □ 2. 语句通顺 □ 3. 无错别字 □ 4. 无涂改 □ 5. 无抄袭	5	未完成 1 项扣 1 分	□熟练 □不熟练	□熟练 □不熟练	□合格 □不合格

总分：
教师签名：

任务二　动力蓄电池组的测试

【学习目标】

知识目标：

1）掌握动力蓄电池组或动力蓄电池包测试的试验准备及测试条件。

2）掌握动力蓄电池组的测试中简单模拟工况的测试方法及测试要求。

3）掌握动力蓄电池组测试的项目及安全要求。

技能目标：

1）具备理解动力蓄电池组测试的试验条件的能力。

2）具备理解动力蓄电池组测试模块充电的标准及安全要求的能力。

3）具备理解动力蓄电池组测试中简单模拟工况法测试步骤及测试方法的能力。

素养目标：

1）严格执行 GB 38031—2020 的操作规范，养成严谨科学的工作态度。

2）养成总结训练过程和结果的习惯，为下次训练积累经验。

3）培养团结协作精神，养成规范作业的良好工作习惯。

4）严格执行 7S 现场管理。

【任务描述】

李三来到新能源汽车 4S 店对自己的新能源汽车做维护，他反映车辆的仪表最近经常出现报警信号，仪表中偶尔报整车系统故障和动力蓄电池故障。维修技师小刘对车辆进行了检查，怀疑可能是动力蓄电池组内部问题，需要对动力蓄电池包进行检查，检测动力蓄电池组。

【获取信息】

一、动力蓄电池组测试的一般规定

动力蓄电池组测试时的一般定义与动力蓄电池单体测试时的一般规定相同。

I_1：1h 率放电电流，其数值等于额定容量值。

I_3：3h 率放电电流，其数值等于额定容量值的 1/3。

C_3：3h 率额定容量。

二、动力蓄电池组或系统测试的一般条件

1. 环境要求

除另有规定，试验环境温度为 22℃ ±5℃，相对湿度为 10%~90%，大气压力为 86~106kPa。

2. 对制造商要求

动力蓄电池组或系统试验交付需要的必要操作文件以及和测试设备相连所需的接口部件，如插接器、插头。动力蓄电池包或系统的典型结构应符合 GB 38031—2020 中规定的一般性要求。同时，制造商需要提供动力蓄电池包或系统的安全工作限值。

3. 绝缘电阻的要求

动力蓄电池组或系统在所有测试前和部分试验后，需对动力蓄电池组或系统进行绝缘电阻测试。测试位置为两个正、负极的端子和电平台之间。要求测得的绝缘电阻值除以动力蓄电池包或系统的最大工作电压不小于 100Ω/V。

4. SOC 的要求

调整 SOC 至试验目标值 N% 的方法：按制造商提供的充电方式将动力蓄电池组或系统充满电，静置 1h，以 $1I_3$ 恒流放电，放电时间为 T，T 按照式 $T = \frac{100-n}{100} \times 3$ 计算得到，或者采用制造商提供的方法调整 SOC。

注意：每次 SOC 调整后，在新的测试开始前，试验对象应静置 30min。

5. 蓄电池冷却液的要求

当蓄电池冷却系统使用了冷却液时，如果试验不要求蓄电池冷却，可在排掉冷却液后进行试验。

6. 测量仪器、仪表准确度

测量仪器、仪表准确度应不低于以下要求（FS 即满量程）：

电压测量装置：±0.5% FS。

电流测量装置：±0.5% FS。

温度测量装置：±0.5℃。

时间测量装置：±0.1% FS。

尺寸测量装置：±0.1% FS。

质量测量装置：±0.1% FS。

7. 测试过程误差的要求

控制值（实际值）与目标值之间的误差要求如下：

电压：±1%。

电流：±1%。

温度：±2℃。

> **想一想：**
>
> 动力蓄电池组或系统的安全性管控需要考虑哪些因数？为什么？
> 1）动力蓄电池组材料的安全：_____
> 2）动力蓄电池组的结构安全：_____
> 3）系统的防爆安全：_____
> 4）高压线束连接安全：_____

三、动力蓄电池组的试验准备

1. 充电

按厂家提供的专用规程进行充电。若厂家未提供充电器，在20℃±5℃条件下，动力蓄电池组以 $1I_3$ 电流放电，至动力蓄电池组电压达到 $n×3.0V$ 时或动力蓄电池组中的蓄电池单体电压低于2.5V时停止放电，然后在20℃±5℃条件下以 $1I_3$ 恒流充电，至动力蓄电池组电压达到 $n×4.2V$ 时转恒压充电，充电电流降至 $0.1I_3$ 时停止充电，若充电过程中有蓄电池单体电压达到4.3V时则停止充电。充电后需要静置1h。

注意：动力蓄电池组测试正式开始前，动力蓄电池组或系统的电子部件或蓄电池管理系统应处于正常工作状态。

2. 预处理

正式开始测试前，动力蓄电池组需要先进行预处理循环，以确保试验对象的性能处于激活和稳定的状态。预处理的步骤如下：

1）以不小于 $1I_3$ 的电流或按照制造商推荐的充电方法充电至制造商规定的充电截止条件。

2）静置30min或制造商规定的时间。

3）以制造商规定的且不小于 $1I_3$ 的电流放电至制造商规定的放电截止条件。

4）静置30min或制造商规定的时间。

5）重复步骤1）~4）不超过5次。

如果动力蓄电池组连续两次的放电容量变化不高于额定容量的3%，则认为动力蓄电池组或包完成了预处理，预处理循环可以中止。

除在某些具体测试项目中另有说明，否则若预处理循环完成并满充后和一个新的测试项目之间时间间隔大于24h，则需要重新进行一次标准充电：使用不小于 $1I_3$ 的电流充电至制造商规定的充电截止条件或按照制造商推荐的充电方法充电，静置30min或制造商规定的时间。

> **头脑风暴：**
>
> 动力蓄电池测试中，动力蓄电池单体的测试与动力蓄电池组测试的标准充电方式有哪些不同？预处理有何差异？
> _____
> _____
> _____

四、动力蓄电池组测试的检测项目及安全要求

1. 外观检测

按目测法检查动力蓄电池组的外观，不得有变形及裂纹，表面应平整干燥、无外伤，且排列整齐、连接可靠、标志清晰等。

2. 极性检测

用电压表检测动力蓄电池组端子时，端子极性应正确，应有正、负极的清晰标识。

3. 外观尺寸及质量

动力蓄电池组或系统外形尺寸、质量测量时，所用的量具和仪器、测量要求应符合生产企业提供的技术条件。

4. 20℃放电容量

要求每个蓄电池组由 5 个或以上蓄电池单体串联组成。动力蓄电池组按标准检验时，其容量应不低于企业提供的技术条件中规定的额定值，同时容量应不高于企业提供的额定值的 110%。

5. 简单模拟工况

要求每个蓄电池组由 5 个或以上蓄电池单体串联组成。动力蓄电池组按标准试验时，其承受脉冲数不低于 4 个。根据模拟工况测试得到的数据用于进行动力蓄电池组的一致性的分析。

6. 耐振动性

要求每个蓄电池组由 5 个或以上蓄电池单体串联组成。动力蓄电池组按耐振动测试标准试验时，不允许出现放电电流锐变、电压异常、蓄电池壳变形、电解液溢出等现象，并保持连接可靠、结构完好，不允许装机松动。

1）将动力蓄电池组按标准方法充电。

2）将动力蓄电池组紧固到振动试验台上，按下述条件进行线性扫频振动试验：

① 放电电流：$1I_3$。

② 振动方向：上下单振动。

③ 振动频率：10~55Hz。

④ 最大加速度：$30m/s^2$。

⑤ 扫频循环：10 次。

⑥ 振动时间：3h。

振动试验过程中，按 20 倍率放电观察有无异常现象出现。

7. 过流保护

1）试验对象为可由外部直流电源供电的蓄电池系统。

2）为保护试验操作人员和实验室安全，制造商应提供试验上限参数作为异常终止条件。

3）试验条件如下：

① 试验应在 20℃ ±10℃ 的环境温度下进行。

② 按照蓄电池系统制造商推荐的正常操作（如使用外部充、放电设备），调整试验对

象的 SOC 到正常工作范围的中间部分，只要蓄电池系统能够正常运行，可不需要精确地调整。

③ 与蓄电池系统制造商协商确定可以施加的过电流（假设外部直流供电设备的故障）和最大电压（在正常范围内）。

4）按照蓄电池系统制造商的资料进行过电流试验：

① 连接外部直流供电设备，改变或禁用充电控制通信，以允许通过与蓄电池系统制造商协商确定的过电流水平。

② 启动外部直流供电设备，对蓄电池系统进行充电，以达到蓄电池系统制造商规定的最高正常充电电流。然后，将电流在 5s 内从最高正常充电电流增大到过电流水平，并继续进行充电。

5）当符合以下任一条件时，结束试验：

① 试验对象自动终止充电电流。

② 试验对象发出终止充电电流的信号。

③ 试验对象的温度稳定，温度变化在 2h 内小于 4℃。

6）完成以上试验步骤后，在试验环境温度下观察 1h。

8. 过充电保护

1）试验对象为动力蓄电池组或系统。

2）为保护试验操作人员和实验室安全，制造商应提供试验上限参数作为异常终止条件。

3）试验条件如下：

① 试验应在 20℃ ±10℃ 的环境温度或更高温度（如果蓄电池系统制造商要求）下进行。

② 按照蓄电池系统制造商推荐的正常操作（如使用外部充放电设备），调整试验对象的 SOC 到正常工作范围的中间部分。只要试验对象能够正常运行，可不需要精确地调整。

③ 在试验开始时，影响试验对象功能并与试验结果相关的所有保护设备都应处于正常运行状态。用于充电的所有相关的主要接触器都应闭合（如蓄电池系统回路中包含的相关接触器）。

4）充电过程如下：

① 外部充电设备应连接到试验对象的主端子。外部充电设备的充电控制限制应禁用。

② 试验对象应由外部充电设备在蓄电池系统制造商许可的用时最短的充电策略下进行充电。

5）充电应持续进行，直至符合以下任一条件时，结束试验：

① 试验对象自动终止充电电流。

② 试验对象发出终止充电电流的信号。

③ 当试验对象的过充电保护控制未起作用，继续充电，使得试验对象温度超过蓄电池系统制造商定义的最高工作温度再加 10℃ 的温度值。

④ 当充电电流未终止且试验对象温度低于最高工作温度再加 10℃ 的温度值时，充电应持续 12h。

6）完成以上试验步骤后，在试验环境温度下观察 1h。

9. 过放电保护

1）试验对象为动力蓄电池组或系统。

2）试验条件如下：

① 试验应在 20℃±10℃的环境温度或更高温度（如果蓄电池系统制造商要求）下进行。

② 按照蓄电池系统制造商推荐的正常操作（如使用外部充放电设备），调整试验对象的 SOC 到较低水平，但应在正常的工作范围内。只要试验对象能够正常运行，可不需要精确地调整。

③ 在试验开始时，影响试验对象功能并与试验结果相关的所有保护设备都应处于正常运行状态。用于放电的所有相关的主要接触器都应闭合（如蓄电池系统回路中包含的相关接触器）。

3）放电过程如下：

① 外部放电设备应连接到试验对象的主端子。

② 应与蓄电池系统制造商协商，在规定的正常工作范围内以稳定的电流进行放电。

4）放电应持续进行，直至符合以下任一条件时，结束试验：

① 试验对象自动终止放电电流。

② 试验对象发出终止放电电流的信号。

③ 当试验对象的自动中断功能未起作用，则应继续放电，使得试验对象放电到其额定电压的 25% 为止。

④ 试验对象的温度稳定，温度变化在 2 h 内小于 4 ℃。

5）完成以上试验步骤后，在试验环境温度下观察 1h。

知识拓展

动力蓄电池组测试中为什么要避免过充电和过放电

放电时，锂离子不能完全移向正极，必须保留一部分锂离子在负极，以保证下次充电时的锂离子畅通地嵌入通道，否则，蓄电池的使用寿命就相当短。为了保证碳层中放电后留有部分锂离子，即锂离子蓄电池不能过放电，就要严格限制放电终止最低电压。同时，根据锂离子工作原理最高充电终止电压应为 4.2V，不能过充，否则会因正极材料中的锂离子消失太多而造成晶型坍塌，使蓄电池表现出使用寿命终结状态。由此可见，锂离子充/放电控制精度要求相当高，既不能过充电，也不能过放电，否则都将影响蓄电池的使用寿命，这是由锂离子蓄电池工作机理所决定的。

动力蓄电池组的测试	学习任务单	班级： 姓名：

1. 简述动力蓄电池组测试中的一般条件。

1）_____ 2）_____

3）_____ 4）_____

5）_____ 6）_____

7）_____

2. 写出动力蓄电池组充电测试中标准充电的定义。

_____

_____

_____。

3. GB 38031—2020 规定动力蓄电池组测试中的检测项目有_____、外观尺寸及质量、_____、_____、_____、储存、_____和_____试验。

4. 某动力蓄电池组由 24 个磷酸铁锂离子蓄电池单体串联组成，其额定容量均为 50Ah，如果用恒流放电 2h 将充满电的蓄电池组的电放完，应该设置的放电电流约为（　　）A。

A. 10　　　　　　B. 15　　　　　　C. 20　　　　　　D. 25

【任务实施】动力蓄电池简单模拟工况试验

实训器材

上位机软件、动力蓄电池总成装调工作平台、动力蓄电池测试试验台架、绝缘防护用品用具等。

作业准备

1）检查实训工位。

2）将动力蓄电池台架、绝缘防护用品用具等物品在工位摆放整齐。

3）安装上位机软件，将软件诊断盒在工位摆放整齐。

4）做好人员防护。

【操作步骤】

一、动力蓄电池组的外观检查

用目测法检查动力蓄电池组的外观，不得有变形及裂纹，表面应平整干燥、无外伤，且排列整齐、连接可靠、标志清晰等，如图 3-18 所示。

图 3-18　动力蓄电池组的外观检查

二、极性检测

用电压表检测动力蓄电池组端子时,端子极性应正确,应有正、负极的清晰标识,如图 3-19 所示。当读数为正值时,与红表笔接触的为正极,与黑表笔接触的为负极。

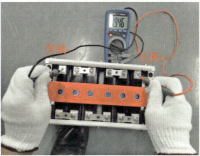

图 3-19 动力蓄电池组的极性检测

三、恒流充电试验

在动力蓄电池测试台架上以恒流充电为例进行试验(可拓展到各种工况下动力蓄电池组的试验)。

1)确保设备线束连接完成,顺时针旋转电源开关,如图 3-20 所示,设备上电。

2)轻按系统开关,如图 3-21 所示,等待几秒钟后微机自动开机。

3)双击选择"动力蓄电池测试软件",如图 3-22 所示。

图 3-20 电源开关

扫一扫

3-1-2 恒流充电试验

图 3-21 系统开关   图 3-22 动力蓄电池测试软件

4)单击进入"动力蓄电池系统",如图 3-23 所示。

5)填写"学生信息",单击进入"教学模式",如图 3-24 所示。

6)单击进入右上角"测试项目",选择"恒流充电试验",单击"确定",如图 3-25 所示。

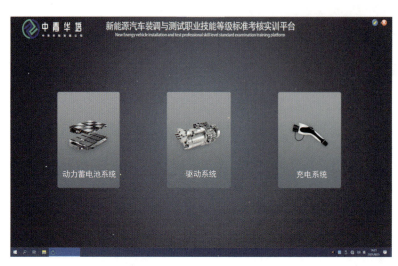

图 3-23 测试软件"动力蓄电池系统"界面

图 3-24 填写信息界面

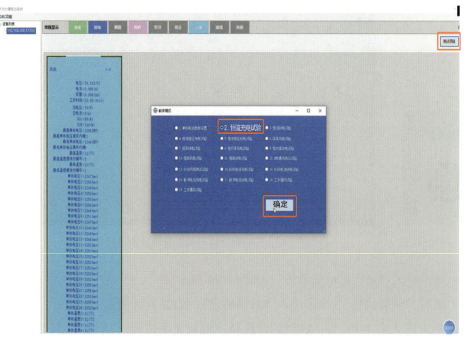

图 3-25 "恒流充电试验"界面

7）单击"搁置"，选择"搁置"，设置"时间"，如图 3-26 所示。

图 3-26　搁置时间设置

8）单击"空白处"，选择"恒流充电"，如图 3-27 所示。

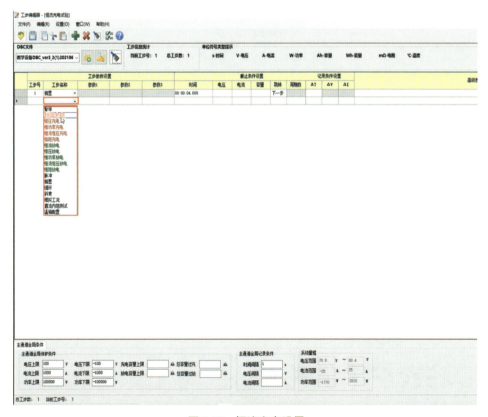

图 3-27　恒流充电设置

9）设置"电流""时间""电压",如图 3-28 所示。

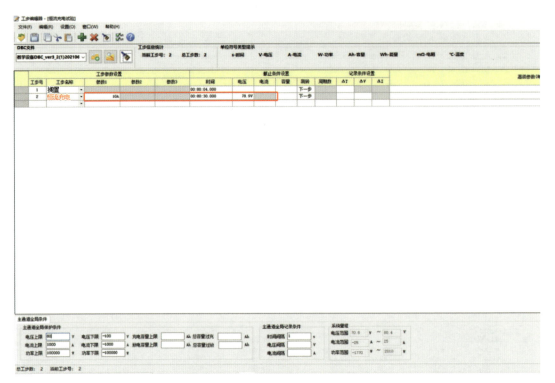

图 3-28　电流、时间、电压的设置

10）在左下角设定"主通道全局保护条件",如图 3-29 所示。

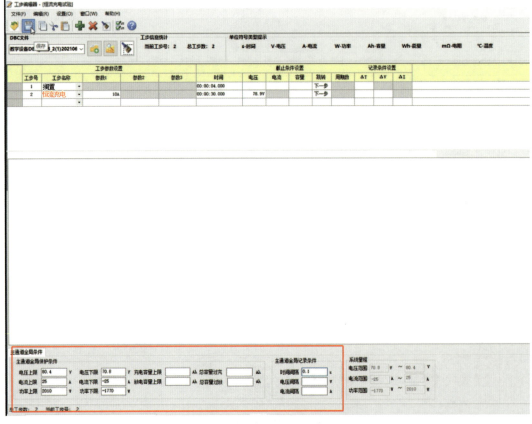

图 3-29　主通道全局保护条件设置

11）单击左上角"保存",如图 3-30 所示。

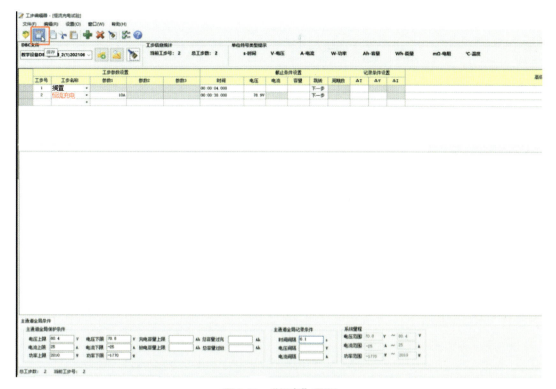

图 3-30 "保存"界面

12）单击"确定",如图 3-31 所示。

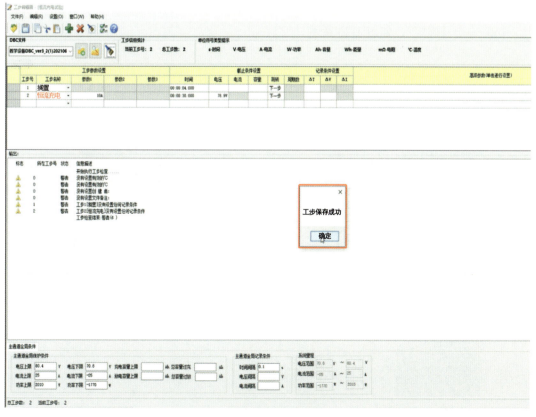

图 3-31 "确定"界面

13）单击左上角"运行"，如图 3-32 所示。

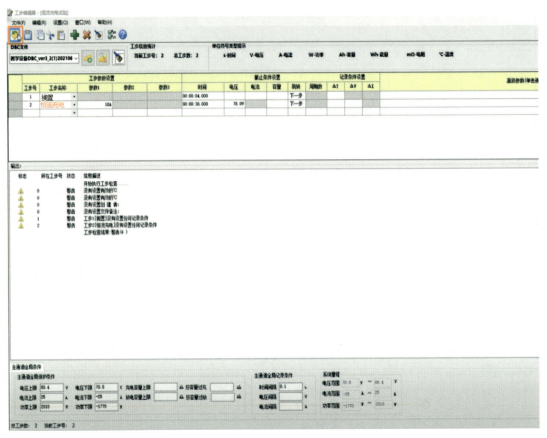

图 3-32 "运行"界面

14）单击"确定"，如图 3-33 所示。

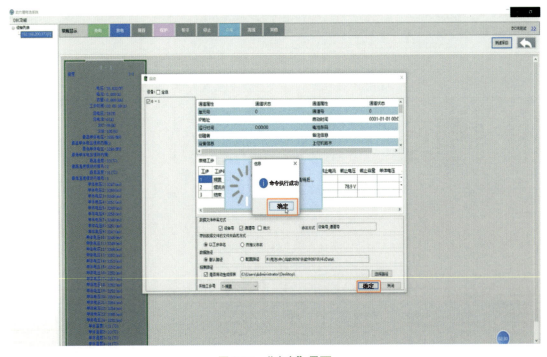

图 3-33 "确定"界面

15）此时正在进行"恒流充电",如图 3-34 所示。

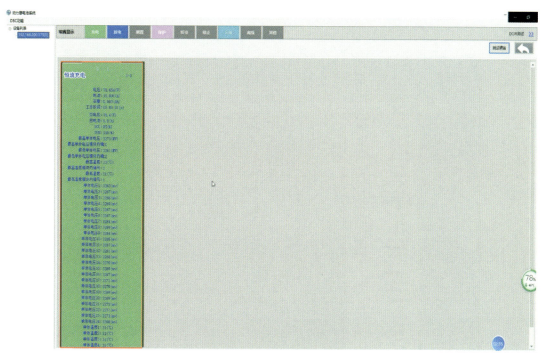

图 3-34　"恒流充电"界面

16）完成"恒流充电",如图 3-35 所示。

图 3-35　"恒流充电完成"界面

17）单击鼠标右键选择"通道数据",如图 3-36 所示。

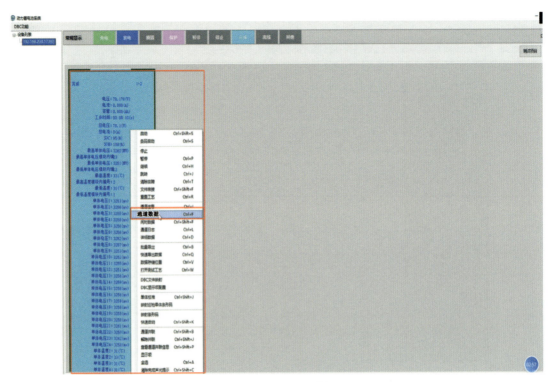

图 3-36　通道数据选择

18）单击右上角"文件"选择"另存为",如图 3-37 所示。

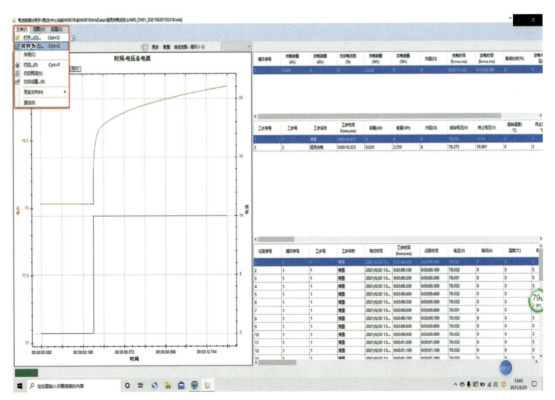

图 3-37　"另存为"界面

19)"编辑文件名"单击"保存",如图3-38所示。

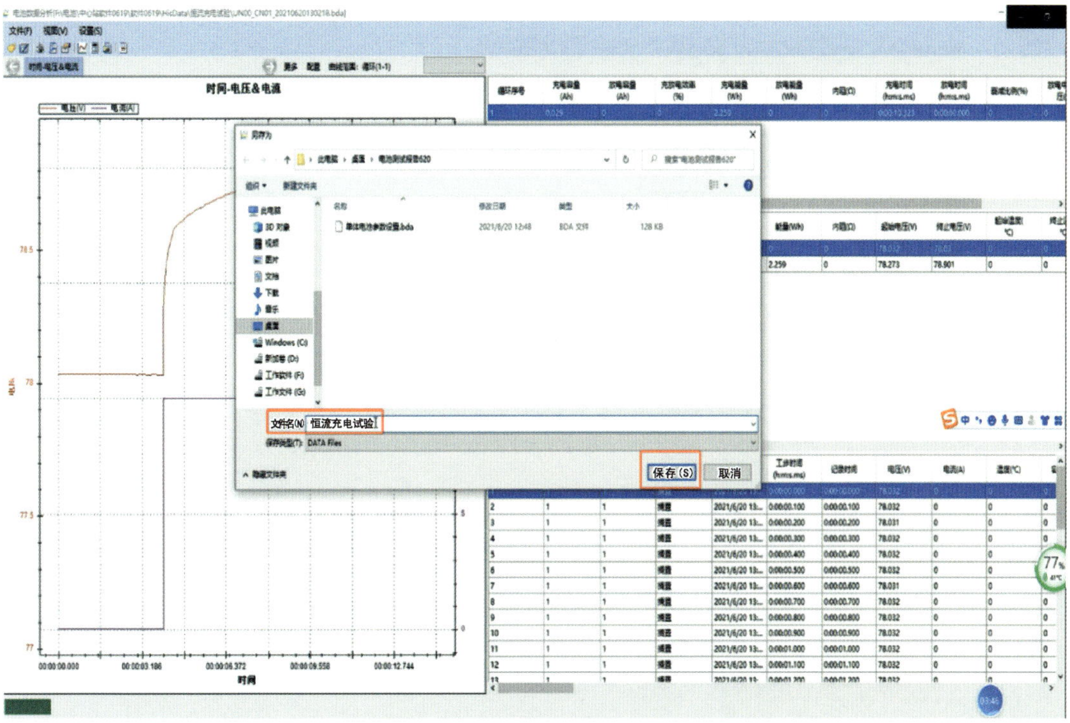

图 3-38 "编辑文件名"界面

20)保存成功单击"确定",如图3-39所示。

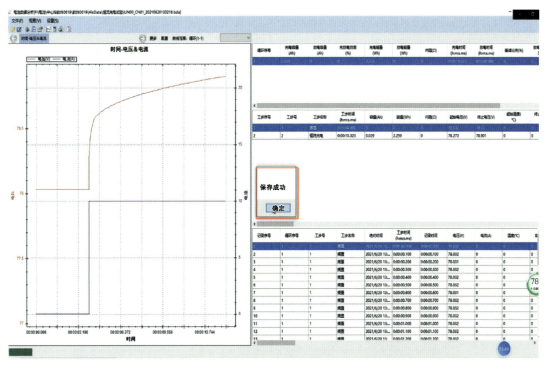

图 3-39 "确定"界面

21）测试试验结束后，单击"右上角 ×"，单击"确定"关闭软件，如图 3-40 所示。

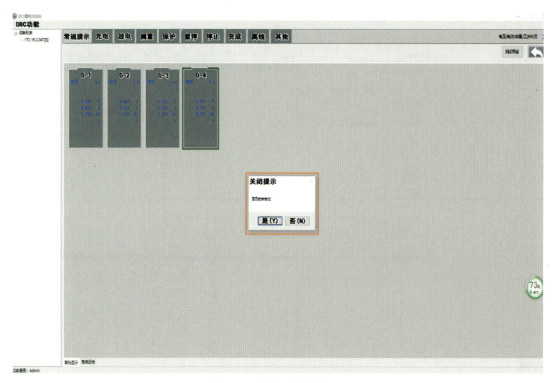

图 3-40 "关闭软件"界面

动力蓄电池简单模拟工况试验		工作任务单	班级：
			姓名：

参照恒流充电的试验要求和步骤，在动力蓄电池测试台架上完成恒流恒压放电试验并填写下表。

	搁置截止时间	
	恒流放电电流	
	恒流放电截止电压	
	恒压放电电压	
	恒压放电截止电流	
	电压	
	电流	
恒流恒压放电试验	容量	
	总电压	
	总电流	
	SOC	
	SOH	
	最高单体电压	
	最低单体电压	
	最高温度	
	最低温度	

项目三 动力蓄电池的性能试验与故障检修

课证融通考评单		实习日期：
姓名：	班级：	学号：
自评：□熟练 □不熟练	互评：□熟练 □不熟练	师评：□合格 □不合格
日期：	日期：	日期：

动力蓄电池组的测试【评分细则】

序号	评分项	得分条件	分值	评分要求	自评	互评	师评
1	安全/5S/态度	□1. 能进行工位5S操作 □2. 能进行设备和工具安全检查 □3. 能进行人员安全防护操作 □4. 能进行工具清洁、校准、存放操作 □5. 能进行三不落地操作	15	未完成1项扣3分	□熟练 □不熟练	□熟练 □不熟练	□合格 □不合格
2	专业技能能力	□1. 能佩戴绝缘手套、护目镜检查蓄电池包外壳有无异常磕碰或损坏 □2. 报告教师后，能打开电源开关上电 □3. 能正确地启动技术平台并进入上位机软件 □4. 能正确地读取蓄电池系统异常数据并记录在作业单上 □5. 能正确地连接动力蓄电池测试台架电源线、测试线 □6. 能按要求设定蓄电池恒流恒压放电的参数，并填写性能测试参数 □7. 能使用动力蓄电池测试台架进行放电曲线的绘制	50	未完成1项扣5分	□熟练 □不熟练	□熟练 □不熟练	□合格 □不合格
3	工具及设备的使用能力	□1. 能正确地检查动力蓄电池测试台架连接线、按键 □2. 能正确地安装上位机软件 □3. 能正确地进行上位机诊断盒的连接	10	未完成1项扣3分	□熟练 □不熟练	□熟练 □不熟练	□合格 □不合格
4	资料、信息查询能力	□1. 能正确地绘制放电特性曲线 □2. 能正确地使用维修手册查询资料 □3. 能正确地记录查询资料章节及页码 □4. 能正确地记录工作任务信息	10	未完成1项扣3分，扣分不得超过10分	□熟练 □不熟练	□熟练 □不熟练	□合格 □不合格
5	数据判断和分析能力	□1. 能判断放电曲线，判断BMS是否正常 □2. 能判断上位机软件是否正常	10	未完成1项扣3分	□熟练 □不熟练	□熟练 □不熟练	□合格 □不合格
6	表单填写报告的撰写能力	□1. 字迹清晰 □2. 语句通顺 □3. 无错别字 □4. 无涂改 □5. 无抄袭	5	未完成1项扣1分	□熟练 □不熟练	□熟练 □不熟练	□合格 □不合格

总分：
教师签名：

学习情境二

动力蓄电池的故障检修

动力蓄电池是电动汽车的动力源泉,如果蓄电池系统出现故障,将导致电动汽车无法行驶,各种用电设备无法工作,因此及时排除蓄电池系统故障是保证车辆正常行驶的先决条件。

通过规范操作练习,应牢记正确的操作事项,养成良好的工作习惯和工作态度并有效地将其融入技能等级证书的考核和技能大赛中。

任务一　动力蓄电池的数据采集与分析

【学习目标】

知识目标:

1)掌握动力蓄电池数据流的含义。
2)掌握动力蓄电池故障码的含义。
3)掌握诊断仪的使用方法。
4)掌握示波器的使用方法。

技能目标：

1）具备使用诊断仪进行数据流读取的能力。

2）具备使用诊断仪进行故障码读取的能力。

3）具备使用示波器采集指定波形并分析的能力。

4）具备根据仪表状态和故障码分析动力蓄电池故障可能原因的能力。

5）具备根据异常数据流分析动力蓄电池故障可能原因的能力。

素养目标：

1）养成总结训练过程和结果的习惯，为下次训练积累经验。

2）培养团结协作精神，养成规范作业的良好工作习惯。

3）严格执行5S现场管理。

【任务描述】

汽修班的同学来到吉利新能源汽车4S店进行现代学徒制的企业实践，在这里看到很多吉利的新能源车型，帝豪、博瑞、嘉际、缤越、星越……在维修车间看到各种各样的检修工、量具，诊断仪、绝缘测试仪、接地电阻表。小王对其中的"红盒子"很感兴趣，经向技师询问得知"红盒子"是示波器。在新能源汽车检修作业中，诊断仪和示波器的作用较大，需要维修人员对诊断仪和示波器的基础知识、工作要求及使用方法有全面的认识。

【获取信息】

一、MS908E 故障诊断仪简介及使用方法

汽车智能诊断系统是专业汽车诊断的新一代智能解决方案。MS908E 故障诊断仪采用四核 1.4GHz 处理器，配备 9.7in LED 电容式触摸屏，基于全新的安卓多任务操作系统开发，可方便、快速、高效地处理汽车故障。

1. 主要部件

（1）平板诊断设备　如图 3-41 所示，平板诊断设备是诊断系统的中央处理器和监控器。

（2）车辆通信接口（VCI）　车辆通信接口是用于访问和获取车辆数据的设备，如图 3-42 所示。

图 3-41　平板诊断设备

图 3-42　车辆通信接口

（3）测试主线　测试主线采用标准 2.0USB 连接线，部分车型的 OBD Ⅰ 转 OBD Ⅱ 转接头，如图 3-43 所示。

（4）AC/DC 电源适配器 AC/DC 电源适配器是用来给平板诊断设备充电的设备。

2. 使用方法

（1）开机 按下平板诊断设备顶部右侧的锁屏电源按钮启动设备，将锁定屏幕按住并拖一小圆圈解锁屏幕，系统显示程序菜单。

图 3-43 2.0USB 连接线

使用平板诊断设备前，应确保设备内置蓄电池电量充足或已通过电源适配器连接电源。

（2）车辆通信接口（VCI）与车辆的连接 将测试主线的母转接头连接到 VCI 设备上的车辆数据接口，将测试主线的 16 针公转接头与车辆诊断座连接。车辆诊断座通常位于车辆仪表板的下部。VCI 设备与车辆连接后，设备上的电源"POWER"指示灯会亮，如图 3-44 所示，并发出短促的"哔哔"声表明连接成功。

（3）平板诊断设备与车辆通信接口（VCI）的连接 平板诊断设备与 VCI 可以采用无线蓝牙或有线

图 3-44 VCI 与车辆的连接

USB 连接。蓝牙配对是平板诊断设备和 VCI 间通信的首选方式，有效工作范围约 230m，可以方便地在较大的范围内进行车辆诊断。启动平板诊断设备，同时将 VCI 与车辆连接，单击程序菜单中的"VCI 管理"，设备会自动扫描周围可用的 VCI 设备并进行蓝牙配对。配对成功后，VCI 上的 BT 指示灯会常亮；同时，平板诊断设备屏幕导航栏底部的 VCI 按钮会显示一个绿色的√，表明连接成功，随时可以开始车辆诊断。一个平板诊断设备可以通过蓝牙和多个 VCI 建立连接，对多部车同时进行诊断。也可以用设备自带的 USB 连接线直接连接平板诊断设备和 VCI，连接成功后，VCI 会发出短促的"哔哔"声，同时 POWER 灯和 USB 灯会常亮，平板诊断设备屏幕底部的 VCI 按钮会显示绿色的√表明连接成功，如图 3-45 所示。VCI 设备与车辆连接后，将车辆上电或点火，发动机处于关闭状态，即可开始诊断。

图 3-45 平板诊断设备与 VCI 的连接

（4）车辆诊断 连接成功后，单击平板诊断设备上的"诊断"图标，即可跟随屏幕菜单程序的指引对所连接的车辆进行故障诊断。可以利用自动扫描功能对不同车型进行全车诊断，读取故障码，读取数据流，维修完成后清除故障码；也可以利用"控制单元"功能，对特定的控制单元进行诊断。完成诊断后，在正在运行的诊断界面，根据页面提示单击"返回"或"回退"按钮，逐步退出诊断会话，直到返回设备的程序菜单界面。

注意：通信中断可能会对车辆电控模块 ECM 造成损坏。测试过程中，要确保数据线的 USB 连接线、无线或有线网络都连接良好，断开测试线缆或将设备关机前，应先退出所有测试程序。

（5）其他注意事项

1）确保车辆蓄电池电量充足且车辆诊断座的连接清洁及安全。

2）不要将诊断设备置于车辆配电器上，强烈的电磁干扰会导致设备损坏。

3）当起动开关接通或发动机运转时，不得连接或断开诊断设备。

4）保持诊断设备干燥和清洁，远离汽油、水和油脂类物品。

二、手持式数字示波器简介及使用方法

手持式数字示波器如图 3-46 所示，其向用户提供简单而功能明晰的操作面板以进行所有的基本操作，各通道的标度和位置旋钮提供了直观的操作，符合传统仪器的使用习惯，用户不必花大量的时间去学习和熟悉手持式数字示波器的操作，即可熟练使用。为加速调整，便于测量，用户可直接按 AUTO 按键，仪器会显现适合的波形和档位设置。除易于使用之外，其清晰的液晶显示和数学运算功能，便于用户更快、更清晰地观察和分析信号问题。

1. 手持式数字示波器的操作面板

手持式数字示波器的操作面板如图 3-47 所示。

图 3-46　手持式数字示波器

图 3-47　手持式数字示波器的操作面板

（1）垂直系统　按下按键 调节示波器的垂直档位（V/div），可调节信号以合适的大小在屏幕上显示。

按下按键 调节参考波形基准点的位置，可调节信号在屏幕中合适的位置显示。

（2）水平系统　按下按键 改变水平时基档位设置，水平扫描速率从 5ns～50s/div，以 1-2-5 方式步进。

按下按键 调整触发点的水平位置，可观察到更多的预触发信息。

（3）触发系统　按下 TRIGGER 按键可调整波形的触发设置，如图 3-48 所示。

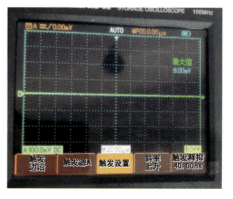

图 3-48　波形的触发设置

2. 使用方法

（1）**重新设置仪器** 如果要将仪器设置为出厂设置，按以下步骤进行操作：接通示波器电源后，按 POWER 按键启动示波器，在示波器进入开机界面后，长按 CLEAR/MENU 按键即可将仪器恢复出厂设置。恢复出厂设置后，屏幕显示如图 3-49 所示。开、关机操作为长按 POWER 键。

（2）**拨盘功能使用** 拨盘是一个多用途旋钮，可以方便地进行多种菜单操作和控制。如下示例讲述如何使用示波器的拨盘。

① 按 SCOPE 按键，屏幕底部会弹出如图 3-50 所示菜单。

② 按 F3 按键选择显示，进入显示菜单，如图 3-51 所示。

③ 通过旋转拨盘，选择显示类型为点，被选中的菜单以高亮方式显示，再按一下拨盘进行"确认"，此时显示类型被选择为"点"，屏幕上的高亮选择指示自动跳转到持续菜单，旋转拨盘选

图 3-49　出厂设置

择持续方式为 5s，再按一下拨盘进行"确认"，屏幕显示进入格式菜单，如图 3-52 所示。如果要改变格式则按上述操作进行选择，否则直接按拨盘关闭当前菜单。

图 3-50　按 SCOPE 按键屏幕显示　　图 3-51　按 F3 按键选择显示　　图 3-52　通过旋转拨盘操作显示

三、动力蓄电池的故障码（DTC）列表类型

在使用故障诊断仪对吉利 EV450 进行动力蓄电池方面的故障码读取时，可能会遇到的故障码见表 3-1。

表 3-1　故障码（DTC）

故障码	故障描述/条件	故障部位（排除方法）
U3006-16	控制器供电电压低	蓄电池包外部（给 12V 铅酸补电）
U3006-17	控制器供电电压高	蓄电池包外部（给 12V 铅酸放电）
U3006-29	上高压过程中铅酸蓄电压无效	蓄电池包外部（BMU 异常重启，重新上电）
U3472-87	动力 CAN 总线数据丢失	蓄电池包外部（排查整车端外部低压通信线束，检测 ACAN 通信）

（续）

故障码	故障描述/条件	故障部位（排除方法）
U0064-88	动力 CAN BUS OFF	蓄电池包外部（排查整车端外部低压通信线束是否存在开路或断路）
U1500-87	SCAN 电流报文丢失	蓄电池包内部（需要拆包排查 CSU）
U1501-87	电流采集器总线故障	蓄电池包内部（BMU 与 CSU 通信异常，检测 SCAN 通信）
U111487	与整车控制器丢失通信	蓄电池包外部（检测蓄电池包与 VCU 通信）
U111587	与车载充电机丢失通信	蓄电池包外部（检测蓄电池包与车载充电机通信）
U011087	与电机控制器丢失通信	蓄电池包外部（检测蓄电池包与电机控制器通信）
U2472-81	Message Check sum Error with VCU_BMS_Ctrl	蓄电池包外部（检测蓄电池包与 VCU 通信）
U2475-81	Message Check sum Error with IPUMOT_General	蓄电池包外部（检测蓄电池包与 VCU 通信）
P1521-16	单体欠压 1 级	蓄电池包内部（蓄电池充电）
P1522-17	单体过压 2 级	蓄电池包内部（蓄电池放电）
P1522-16	单体欠压 2 级	蓄电池包内部（蓄电池充电）
P1524-09	电流传感器故障	蓄电池包内部（检查 CSU）
P1526-17	蓄电池包总电压过压	蓄电池包内部（蓄电池放电）
P1526-16	蓄电池包总电压欠压	蓄电池包内部（蓄电池充电）
P1529-01	均衡停止原因：均衡回路故障	蓄电池包内部（需要拆包排查均衡回路）
P1529-17	单体电压压差过大	蓄电池包内部（排查单体一致性）
P152B-21	蓄电池低温 1 级	蓄电池包内部（等待蓄电池升温）
P152B-98	蓄电池过温 1 级	蓄电池包内部（等待蓄电池降温）
P152C-98	蓄电池过温 2 级	蓄电池包内部（等待蓄电池降温）
P152D-00	蓄电池温差过大	蓄电池包内部（蓄电池温度异常）
P152F-1D	电流采样无效	蓄电池包内部（电流采样异常）
P1537-22	预充电流过大	蓄电池包内部（检查预充电阻是否装小）
P1537-29	预充电流反向	蓄电池包外部（接触器外侧电压异常）
P1537-63	预充时间过长	蓄电池包外部（接触器外部带载）
P1537-1E	预充短路	蓄电池包外部（接触器外部有短路）
P1537-63	连续预充失败超过最大次数	蓄电池包外部（接触器外部带载）
P1539-01	主正或预充接触器粘连故障	蓄电池包内部（排查主正或预充接触器）
P1539-07	主正接触器无法闭合故障	蓄电池包内部（排查主正接触器）
P1539-00	主正或主负接触器下电粘连故障	蓄电池包内部（排查接触器）
P153A-01	主负接触器粘连故障	蓄电池包内部（排查主负接触器）
P153E-08	碰撞信号发生（仅有 ACAN 信号）	蓄电池包外部
P153F-12	碰撞信号发生（硬线 PWM）	蓄电池包外部

(续)

故障码	故障描述/条件	故障部位(排除方法)
P1541-00	高压接触器闭合的前提下，绝缘故障（严重）	蓄电池包外部（检查整车绝缘）
P1543-00	高压接触器断开的前提下，绝缘故障（严重）	蓄电池包内部
P154C-00	蓄电池管理系统意外下电	蓄电池包内部（TBD，等待确认）
P1553-42	蓄电池管理系统主板随机存储器校验失败	蓄电池包内部（重新上电，不恢复更换BMU板）
P155E-16	单体极限欠压	蓄电池包内部（单体电压异常，更换蓄电池包）
P155E-17	单体极限过压	蓄电池包内部（单体电压异常，更换蓄电池包）
P1566-09	温度传感器故障（严重）	蓄电池包内部（更换温度传感器或线束）
P1567-09	蓄电池温度传感器故障	蓄电池包内部（更换CSC采样线或模组线或CSC）
P1567-22	加热时进水口温度过高	蓄电池包外部（需排查整车控制的加热器或其控制器）
P1567-21	冷却时进水口温度过低	蓄电池包外部（需排查整车控制的制冷器或其控制器）
P1580-01	直流充电接触器粘连故障	蓄电池包内部（排查充电正端接触器）
P1580-07	直流充电接触器无法闭合故障	蓄电池包内部（排查充电正端接触器）
P1581-07	放电预充接触器无法闭合故障	蓄电池包内部（排查预充接触器）
P1582-19	放电过流1级	蓄电池包外部（检查整车电流）
P1583-19	放电过流2级	蓄电池包外部（检查整车电流）
P1584-19	放电过流3级	蓄电池包外部（检查整车电流）
P1585-19	充电过流1级	蓄电池包外部（检查整车电流）
P1586-19	充电过流2级	蓄电池包外部（检查整车电流）
P1587-19	充电过流3级	蓄电池包外部（检查整车电流）
P1588-19	回充过流1级	蓄电池包外部（检查整车电流）
P1589-19	回充过流2级	蓄电池包外部（检查整车电流）
P158A-19	回充过流3级	蓄电池包外部（检查整车电流）
P158B-19	单体欠压3级	蓄电池包内部（蓄电池充电）
P158C-19	单体过压3级	蓄电池包内部（蓄电池放电）
P158D-01	主回路高压互锁故障	蓄电池包内、外部（检查外部快充、主回路、MSD高压插接器插件和内、外部高压电路）
P158F-01	快充回路高压互锁故障	蓄电池包内、外部（检查外部快充、主回路、MSD高压插接器插件和内、外部高压电路）
P1590-13	高压回路断路	蓄电池包内、外部（先更换MSD熔丝，如果还报该故障，检查高压回路其他地方是否有断路）
P1591-13	单体电压采样线掉线	蓄电池包内部（检测CSC采样线掉线）
P1591-8F	均衡停止原因：CMCPCB板载温度过高	蓄电池包内部（分析PCB板过温原因）
P1592-98	蓄电池过温3级	蓄电池包内部（等待蓄电池降温）

（续）

故障码	故障描述/条件	故障部位（排除方法）
P1594-21	蓄电池老化：蓄电池健康状态过低（告警级别）	蓄电池包内部（单体有老化，建议更换蓄电池包）
P1595-21	蓄电池老化：蓄电池健康状态过低（故障级别）	蓄电池包内部（单体使用寿命终止，更换蓄电池包）
P1596-00	电压传感器故障	蓄电池包内部（更换CSC或线束）
P1597-29	接触器外侧高压大于内侧高压	蓄电池包外部（接触器外部电压异常，下电后再上电）
P1598-01	电流传感器零漂过大故障	蓄电池包内部（TBD）
P1599-01	热管理故障：入水口温度传感器故障	蓄电池包内部（检测进水温度传感器）
P159A-01	充电口温度传感器故障	蓄电池包外部（排查极柱温度传感器状态）
P159B-22	充电口过温	蓄电池包外部（排查极柱温度）
P159C-00	快充预充失败	蓄电池包外部（排查充电桩）
P159D-01	充电故障：快充设备故障	蓄电池包外部（检测充电机）
P159E-01	充电故障：车载充电机故障	蓄电池包外部（检测车载充电机）
P15D2-94	整车非期望的整车停止充电	蓄电池包外部（排查整车控制器逻辑）
P15D3-83	充电机与BMS功率不匹配故障（无法充）	蓄电池包外部（核实充电桩充电电压范围和Pack电压范围是否匹配）
P15D4-94	VCU在BMS发生3级故障后90s内没发shout down信号	蓄电池包外部（排查VCU信号）
P15D7-29	上高压过程中Link电压采样失效	蓄电池包内部（TBD，等待确认）
P15D8-29	上高压过程中Pack采样失效	蓄电池包内部（TBD，等待确认）
P15D967	预充后未收到IPU预充完成标志	蓄电池包外部（检测蓄电池包与VCU通信）
P15DA67	菊花链不更新故障	蓄电池包内部（蓄电池包内部通信异常，检测CCAN通信）
P15DB94	BMU非预期的重启故障	蓄电池包内部（BMU异常重启，重新上电）
P15DC28	低温离群	蓄电池包内部（需要拆包排查温度传感器）
P15DD64	SOC不合理	蓄电池包内部（TBD，等待确认）
P15E094	充电故障，快充设备异常终止充电	蓄电池包外部（检测充电机）
P15E101	热管理故障，出水口温度传感器故障	蓄电池包内部（检测出水温度传感器）
P15E201	热管理故障热管理结束时温差过大	蓄电池包内部（TBD）
P15E319	下电过程中接触器断开电流大于1A	蓄电池包内部（TBD）
P1593-21	蓄电池低温3级	蓄电池包内部（等待蓄电池升温）

四、动力蓄电池的数据流列表

在使用诊断仪对吉利EV450进行动力蓄电池的数据流读取时，主要查看的数据流见表3-2。

表 3-2　吉利 EV450 动力蓄电池的数据流列表

项目	正常范围	单位
Battery Voltage（蓄电池包电压）	0~600	V
Bus Voltage（母线电压）	0~600	V
Battery Current（母线电流）	−500~500	A
CellTem Max（单体最高温度）	−40~125	℃
CellTemMax_Num（单体最高温度位置）	1~34	NA
CellTemMin（单体最低温度）	−40~125	℃
CellTemMin_Num（单体最低温度位置）	1~34	NA
CellTemAvg（平均温度）	−40~125	℃
CellVolMin（单体最低电压）	0~5000	mV
CellVolMin_Num（单体最低电压位置）	1~95	NA
CellVolMax（单体最高电压）	0~5000	mV
CellVolMax_Num（单体最高电压位置）	1~95	NA
SOH（健康状态）	0~100	%
MainHVILSt（主回路高压互锁状态）	0~3	NA
FastChgHVLst（快充回路高压互锁状态）	0~3	NA
HVIL1VolOutside（主回路高压互锁外侧电压）	0~5000	mv
HVIL1VolInside（主回路高压互锁内侧电压）	0~5000	mv
HVIL2VolOutside（快充回路高压互锁外侧电压）	0~5000	mV
HVIL2VolInside（快充回路高压互锁内侧电压）	0~5000	mV
IsoResPos（正极绝缘值）	0~65534	kΩ
IsoResNeg（负极绝缘值）	0~65534	kΩ
SupplyVol（供电电源电压）	0~12000	mV

头脑风暴：

如何正确使用诊断仪读取数据流和故障码？

_____

_____

_____

_____

五、CAN 总线故障诊断与分析

由于 CAN 网络采用多种协议，每个控制模块的端口在正常情况下都有标准电压，因此电压测量法可用于判断电路是否有对地或电源短路、相线间短路等问题。为了确定 CAN-H 或 CAN-L 线是否损坏或信号是否正常，可以测量其对地电压（平均电压）。测量点通常在 OBD 诊断接口处。下面以吉利 EV450 纯电动汽车为例进行介绍。

图 3-53a、b 所示分别为吉利 EV450 诊断接口针脚号和诊断接口电路，诊断接口的针脚 9 连接 CAN-H 线，针脚 10 连接 CAN-L 线。

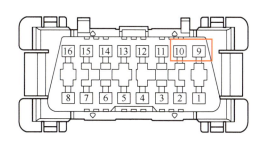

a) 诊断接口针脚号

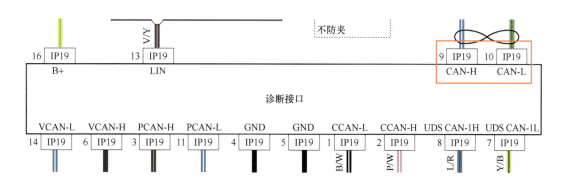

b) 诊断接口电路

图 3-53　吉利 EV450 诊断接口针脚号和诊断接口电路

正常情况下，当 CAN 总线唤醒后，CAN-H 线对地电压为 2.5~3.5V，CAN-L 线对地电压为 1.5~2.5V，且两者相加为 5V。

CAN 故障通常的原因有 CAN 总线断路、CAN 总线短路、相互接反等。

1. CAN-H 线断路

当某个控制模块的 CAN-H 线断路时，会导致该控制模块无法实现通信，但其他控制模块的通信正常，在其他的控制模块可能读到此故障模块的故障码。如果 CAN 总线电路的 CAN-H 线断路，那么所有控制模块的通信功能都会受到影响。CAN-H 线断路时，其波形如图 3-54 所示。

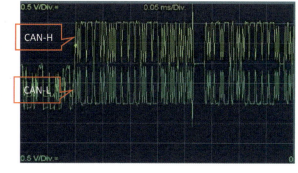

图 3-54　CAN-H 线断路的总线波形

CAN 总线断路的故障点部位需要结合电路图来查找，因为在整个网络中会有很多的总线节点，可利用分块法和借助仪器设备检测后判断。另外，断点部位不同，受影响的部件就不同，同时会决定诊断仪能够进行诊断的控制模块。

如果出现故障的控制模块带有终端电阻，可以用电阻测量法来判断。测量诊断接口的 CAN-H 线与 CAN-L 线之间的电阻，若变为 120Ω，则说明有一个终端电阻断路，即带有终端电阻那个模块断路。如果出现故障的控制模块不带终端电阻，那么需要测量该控制模块的 CAN 总线的导通性。

替换有故障码内容涉及的控制模块，可快速判断故障是否是由该控制模块本身造成的。

2. CAN-H 线与 CAN-L 线短路

当 CAN-H 线与 CAN-L 线短路时，CAN 网络会关闭，无法再进行通信，会有相应的网络故障码。CAN-H 线与 CAN-L 线短路的总线波形如图 3-55 所示。

当两者相互短路之后，CAN 总线电压置于隐性电压值（约 2.5V）。实际测量两条 CAN 总线的电压，会发现始终在 2.5V 左右，基本不变化，如图 3-56 所示。

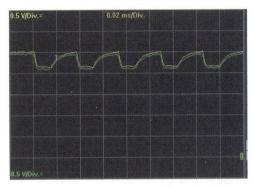

图 3-55　CAN-H 线与 CAN-L 线短路的总线波形

图 3-56　CAN-H 线与 CAN-L 线相互短路的电压测量

故障排除方法：通过插拔 CAN 总线上的控制模块（节点），可以判断是由节点引起的短路还是导线连接引起的短路。逐个断开节点，若电压恢复正常，则说明该节点有问题。若断开所有节点后电压没有变化，则说明电路短路。

3. CAN-H 线对电源（正极）短路

当出现 CAN-H 线对电源（正极）短路故障时，根据 CAN 总线的容错特性，可能出现整个 CAN 网络无法通信的情况或产生相关故障码。以对 12V 电源短路为例，此时 CAN-H 线电压被置于 12V，CAN-L 线的隐性电压被置于大约 12V。CAN-H 线对电源短路的总线波形如图 3-57 所示。

实际测量电压，若 CAN-H 线电压为 12V，CAN-L 线电压被置于约 11V，则说明出现此类故障。

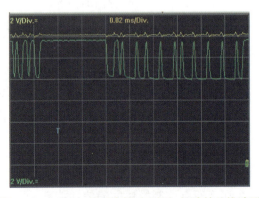

图 3-57　CAN-H 线对电源（正极）短路的总线波形

故障原因：如果不是 CAN-H 线对外部电源短路引起的，那么这种故障就有可能是控制模块内部的 CAN 收发器损坏造成的。

4. CAN-H 线对地短路

当出现 CAN-H 线对地短路故障时，根据 CAN 总线的容错特性，可能出现整个 CAN 网络无法通信的情况或产生相关故障码。CAN-H 线的电压位于 0V，CAN-L 线电压也位于 0V，可是在 CAN-L 线上能够看到一小部分的电压变化。CAN-H 线对地短路的总线波形如图 3-58 所示。

实际测量电压，若 CAN-H 线和 CAN-L 线电压均约为 0V，且无断路问题，则说明出现此类故障。

故障原因：如果不是 CAN-H 线对外部地线短路引起的，那么这种故障就可能是控制模块内部的 CAN 收发器损坏造成的。

5. CAN-L 线对地短路

当出现 CAN-L 线对地短路故障时，根据 CAN 总线的容错特性，可能出现整个 CAN 网络无法通信的情况或产生相关故障码。此时 CAN-L 线电压约为 0V。CAN-H 线的隐性电压被降至 0V，但显性电压基本不变，因此波形被拉长，依然可以传输数据，由此可说明 CAN-L 线对地短路的容错特性较好。CAN-L 线对地短路的总线波形如图 3-59 所示。

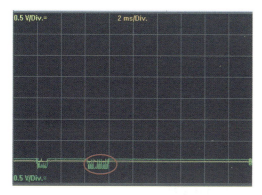
图 3-58　CAN-H 线对地短路的总线波形

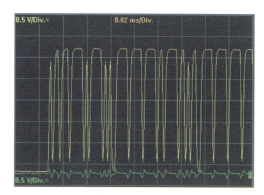
图 3-59　CAN-L 线对地短路的总线波形

实际测量 CAN 总线电压，若 CAN-L 线电压为 0V，CAN-H 线电压为 1V 左右，则说明出现此类故障。

故障原因：如果不是 CAN-L 线对外部地线短路引起的，那么这种故障是控制模块内部的 CAN 收发器损坏造成的。

头脑风暴：

CAN 总线故障还有哪些？波形是什么？
_____
_____
_____

知识拓展

CAN 总线技术

CAN 全称为 "Controller Area Network"，即控制器局域网，是国际上应用最广泛的现场总线之一。最初，CAN 被设计作为汽车环境中的微控制器通信，在车载各电子控制装置 ECU 之间交换信息，形成汽车电子控制网络。例如发动机管理系统、变速器控制器、仪表装备、电子主干系统中，均嵌入 CAN 控制装置。

一个由 CAN 总线构成的单一网络中，理论上可以挂接无数个节点。实际应用中，节点数目受网络硬件的电气特性限制。CAN 可提供高达 1Mbit/s 的数据传输速率，这使实时控制变得非常容易。另外，硬件的错误检定特性也增强了 CAN 的抗电磁干扰能力。

动力蓄电池的数据采集与分析	学习任务单	班级：
		姓名：

1. _____可用于判断电路是否有对地或电源短路、相线间短路等问题。

2. 吉利 EV450 诊断接口电路中，诊断接口的针脚_____连接 CAN-H 线，针脚_____连接 CAN-L 线（在下图上标出）。

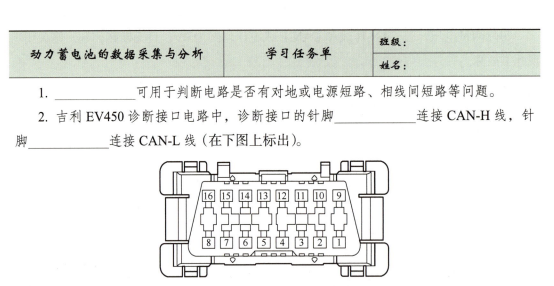

3. 正常情况下，当 CAN 总线唤醒后，CAN-H 线对地电压约为_____V，CAN-L 线对地电压约为_____V，且两者相加为_____V。

4. 分析下图波形属于哪种 CAN 总线故障类型并提出检测方案。

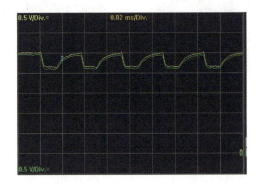

_____

_____

_____

【任务实施】 蓄电池管理系统数据采集与分析

实训器材

吉利 EV450 电动汽车、故障诊断仪、示波器、常用工具和维修手册等。

工具：绝缘工具套装、万用表、照明灯、三角木、抹布等。

安全防护：安全帽、绝缘手套等。

【操作步骤】

本次实训是吉利 EV450 电动汽车蓄电池管理系统 CAN 总线的数据采集与分析。

一、电路识读

通过查阅吉利 EV450 电路图，找到蓄电池管理系统的 CAN-H 和 CAN-L 针脚，如

图 3-60 所示。

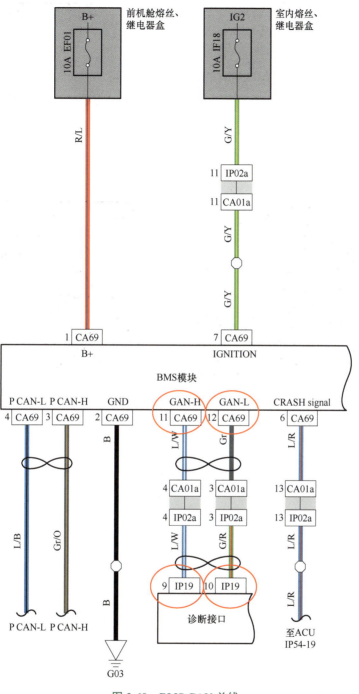

图 3-60　BMS CAN 总线

二、实车测量

1. 查找故障诊断接口

由电路图可知，蓄电池管理器的 CAN-H 线是 CA69 插接器的针脚 11，它和诊断接口针脚 9 相连，蓄电池管理器的 CAN-L 线是 CA69 插接器的针脚 12，它和诊断接口针脚 10 相连，根据电路图在实车上找到故障诊断接口，如图 3-61 所示。

2. CAN 总线波形测试

起动车辆，测出蓄电池管理器的 CAN 总线波形，如图 3-62 所示。

3. 终端电阻验证

关闭起动开关，使用万用表电阻档测量诊断接口的端子 9、10 间终端电阻值，测得电阻值约 60Ω，如图 3-63 所示。

图 3-61 吉利 EV450 实车故障诊断接口

4. 总结分析

在无故障前提下，CAN 总线终端电阻值为 58.5Ω，CAN-H 线和 CAN-L 线的总线波形正常。

扫一扫

3-2-1 EV450 整车 CAN 总线波形测试 终端电阻验证

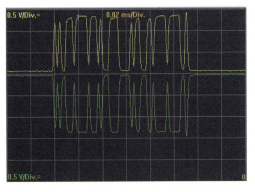

图 3-62 CAN-H 线与 CAN-L 线的总线波形

图 3-63 端子 9、10 间终端电阻值

> **竞赛小知识**
>
> 在新能源汽车故障与诊断赛模块中，测量电阻值时一定要断开蓄电池负极连接，否则会影响测试结果。

蓄电池管理系统数据采集与分析	工作任务单	班级： 姓名：
1. 车辆信息记录		

品牌		整车型号		生产日期	
驱动电机型号		蓄电池电量		行驶里程	
车辆识别代号					

2. 作业场地准备

检查、设置隔离栏		□是 □否
检查、设置安全警示牌		□是 □否
检查灭火器压力、有效期		□是 □否
安装车辆挡块		□是 □否

3. 使用诊断仪读取故障码、数据流

故障码	
数据流	

174

（续）

4. 查找维修手册，画出诊断接口 CAN 总线波形

5. 电压检测

检测对象	检测条件	检测值	标准值	结果判断

6. 竣工检验

车辆是否正常上电	□是 □否
车辆是否正常切换档位	□是 □否

7. 作业场地恢复

拆卸车内三件套	□是 □否
拆卸翼子板布	□是 □否
将高压警示牌等放至原位置	□是 □否
清洁、整理场地	□是 □否

课证融通考评单		实习日期：
姓名：	班级：	学号：
自评：□熟练 □不熟练	互评：□熟练 □不熟练	师评：□合格 □不合格
日期：	日期：	日期：

动力蓄电池的数据采集与分析【评分细则】

序号	评分项	得分条件	分值	评分要求	自评	互评	师评
1	安全/7S/态度	□ 1. 能进行工位 7S 操作 □ 2. 能进行设备和工具安全检查 □ 3. 能进行车辆安全防护操作 □ 4. 能进行工具清洁、校准、存放操作 □ 5. 能进行三不落地操作	15	未完成 1 项扣 3 分	□熟练 □不熟练	□熟练 □不熟练	□合格 □不合格
2	专业技能能力	□ 1. 能正确地连接故障诊断仪 □ 2. 能正确地读取故障码 □ 3. 能正确地读取数据流 □ 4. 能找准诊断接口的测量点 □ 5. 能正确地测得波形 □ 6. 能正确地测得终端电阻值	50	未完成 1 项扣 8 分	□熟练 □不熟练	□熟练 □不熟练	□合格 □不合格

(续)

序号	评分项	得分条件	分值	评分要求	自评	互评	师评
3	工具及设备的使用能力	□1. 能正确地使用插针 □2. 能正确地使用万用表 □3. 能正确地使用示波器	10	未完成1项扣3分	□熟练 □不熟练	□熟练 □不熟练	□合格 □不合格
4	资料、信息查询能力	□1. 能正确地查询线束插接器端子含义 □2. 能正确地使用维修手册查询资料 □3. 能正确地记录查询资料章节及页码 □4. 能正确地记录所需维修信息	10	未完成1项扣3分，扣分不得超过10分	□熟练 □不熟练	□熟练 □不熟练	□合格 □不合格
5	数据判断和分析能力	□1. 能根据故障码结合数据流判断故障点 □2. 能分析CAN总线波形	10	未完成1项扣5分	□熟练 □不熟练	□熟练 □不熟练	□合格 □不合格
6	表单填写报告的撰写能力	□1. 字迹清晰 □2. 语句通顺 □3. 无错别字 □4. 无涂改 □5. 无抄袭	5	未完成1项扣1分	□熟练 □不熟练	□熟练 □不熟练	□合格 □不合格

总分：
教师签名：

任务二　动力蓄电池的故障诊断与排除

【学习目标】

知识目标：

1）掌握动力蓄电池的故障等级。

2）掌握动力蓄电池的故障类型。

3）掌握动力蓄电池的常见故障及处理方法。

技能目标：

1）具有动力蓄电池典型故障诊断与排除的能力。

2）具备理解动力蓄电池的控制逻辑的能力。

3）具备解决和动力蓄电池相关的故障的能力。

素养目标：
1) 养成总结训练过程和结果的习惯，为下次训练积累经验。
2) 培养团结协作精神，养成规范作业的良好工作习惯。
3) 严格执行 5S 现场管理。

【任务描述】

一辆 2018 款吉利 EV450 电动汽车无法行驶，READY 灯不亮，仪表中出现一个红色的类似蓄电池形状的故障警告灯，仪表显示"请检查动力系统"。经维修技师检测发现高压不上电，初步判断为蓄电池系统故障。对于这类故障的检修需要维修人员对诊断仪的使用方法，故障码、数据流的含义等知识有全面的认识。

【获取信息】

一、动力蓄电池的故障分级

根据故障对整车的影响将动力蓄电池的故障划分为 3 个等级。

1. 一级故障（非常严重）

一级故障表明动力蓄电池在此状态下功能已经丧失，请求其他控制器立即（1s 内）停止充电或放电。如果其他控制器在指定时间内未做出响应，蓄电池管理系统将在 2s 后主动停止充电或放电，即断开高压接触器。

该故障出现一段时间后，会造成整车出现安全事故，如起火、爆炸、触电等。动力蓄电池在正常工作状态下不会上报该故障，BMS 一旦上报该故障，就表明动力蓄电池处于严重滥用状态。

2. 二级故障（严重）

二级故障表明动力蓄电池在此状态下功能已经丧失，请求其他控制器停止充电或者放电，其他控制器应在一定的延时时间内响应动力蓄电池停止充电或放电的请求。

该故障会造成整车进入跛行状态、暂时停止能量回馈、停止充电。动力蓄电池正常工作状态下不会上报该故障，BMS 一旦上报该故障，表明动力蓄电池某些硬件出现故障或动力蓄电池处于非正常工作的条件下。

3. 三级故障（轻微）

三级故障表明动力蓄电池性能下降，蓄电池管理系统会降低最大允许充、放电电流。

该故障对整车无影响或不同程度地造成整车进入限功率行驶状态。动力蓄电池正常工作状态下可能不会上报该故障，BMS 一旦上报该故障表明动力蓄电池处于极限环境温度下或单体蓄电池一致性出现一定劣化等。

二、动力蓄电池的故障类型

蓄电池系统支持在线诊断，当蓄电池系统发生故障时，蓄电池管理系统（BMS）将存储故障,同时支持离线诊断,可以通过故障诊断仪与 BMS 通信,读取故障码。

在蓄电池系统中,按照故障发生的部位可以分为 3 类,即单体蓄电池故障、蓄电池管理系统故障、电路或插接器故障。

1. 单体蓄电池故障

1)在蓄电池组中有个别单体蓄电池 SOC 偏低或 SOC 偏高。

2)单体蓄电池容量不足和单体蓄电池内阻偏大。

3)单体蓄电池内部短路、单体蓄电池外部短路、单体蓄电池极性装反等。

2. 蓄电池管理系统故障

蓄电池管理系统对于保障蓄电池组的安全及使用寿命、最大限度发挥蓄电池系统的效能具有重要作用。

蓄电池管理系统故障包括 CAN 通信故障、总电压测量故险、单体电压测量故障、温度测量故障、电流测量故障、接触器故障、加热器故障和冷却系统故障等。

3. 电路或插接器故障

电路或插接器故障的诊断对于确保行车安全和整车的可靠性同样重要。在电动汽车运行过程中,蓄电池间的连接螺栓可能会出现松动,发生蓄电池间虚接故障,极端情况下甚至造成蓄电池着火等安全事故。动力蓄电池箱和电动汽车的电气连接也是故障的高发点,电插接器在经历长时间振动后容易产生虚接,出现烧蚀、接触不良等故障。

> **头脑风暴:**
>
> 去 4S 店调研动力蓄电池故障类型、导致故障的可能原因。
> _____
> _____
> _____
> _____

三、动力蓄电池七大常见故障及处理方法

1. 电压类故障

(1)蓄电池电压高 整车充满电静置后,单体蓄电池或几个单体电压明显偏高,其他单体正常。

故障原因:

1)采集误差。

2)均衡管理单元(LMU)均衡功能差或失效。

3)单体蓄电池容量低,充电时电压上升较快。

处理方法:

1)测量单体实际电压值进行比对,若实际值较显示值低,且与其他单体电压相同,则以实际值为标准通过 LMU 对单体电压进行校准;若测量值与显示值相符,则人工对单体蓄电池进行放电均衡。

2）检查电压采样线是否断裂、虚接。

3）更换 LMU。

（2）蓄电池电压低　整车充满电静置后，单体蓄电池或几个单体电压明显偏低，其他单体正常。

故障原因：

1）采集误差。

2）LMU 均衡功能差或失效。

3）单体蓄电池自放电率大。

4）单体蓄电池容量小，放电时电压下降较快。

处理方法：

1）单体电压显示值较其余单体偏低，测量单体实际电压值进行比对，若实际值较显示值高，且与其他单体电压相同，则以实际值为标准对 LMU 单体电压进行校准；若测量值与显示值相符，则人工对单体蓄电池进行充电均衡。

2）检查电压采样线是否断裂、虚接。

3）更换 LMU。

4）更换故障蓄电池。

（3）压差：动态压差/静态压差　充电时单体蓄电池电压迅速升至充电截止电压，充电截止。踩加速踏板时，单体电压比其他单体下降迅速。踩制动踏板时，单体电压比其他单体上升迅速。

故障原因：

1）连接蓄电池铜排的紧固螺母松动。

2）连接面有污物。

3）单体蓄电池自放电率大。

4）单体蓄电池焊接的连接铜排开焊（造成该单体容量低）。

5）个别单体蓄电池漏液。

处理方法：

1）对螺母进行紧固。

2）清除连接面异物。

3）对单体蓄电池进行充、放电均衡。

4）更换故障蓄电池。

（4）电压跳变　车辆运行或充电时，单体电压跳变。

故障原因：

1）电压采集线连接点松动。

2）LMU 故障。

处理方法：

1）对连接点进行紧固。

2）更换 LMU。

2. 温度类故障

（1）热管理故障

1）加热故障（加热片）：当动力蓄电池充电时，加热片温度低于某一数值，加热功能不开启。

故障原因：

① 加热继电器或 BMU（某一串蓄电池的管理单元）故障。

② 加热片或继电器供电电路异常。

处理方法：

① 修复或更换加热继电器或 BMU。

② 检查并修复供电电路。

2）散热故障（风扇）：当动力蓄电池温度高于某数值后，风扇未工作。

故障原因：

① 风扇继电器或 BMU 故障。

② 风扇或继电器供电电路异常。

处理方法：

① 修复或更换风扇继电器或 BMU。

② 检查并修复供电电路。

（2）温度高　蓄电池系统中某个或者某几个温度点偏高，运行或充电中达到报警阈值。

故障原因：

1）温度传感器故障。

2）LMU 故障。

3）电连接异常，局部发热。

4）风扇未开启，散热差。

5）靠近电动机等热源。

6）过充电。

处理方法：

1）测量温度传感器电阻值与显示值进行比对，若实际值较显示值低且与其他温度值相同，则以实际值为标准对 LMU 温度值进行校准。

2）紧固电连接点，清除连接点异物。

3）确保风扇开启。

4）增加隔热材料，与热源进行隔离。

5）暂停运营进行散热。

6）立即停止充电。

7）更换 LMU。

（3）温度低　蓄电池系统中某个或者某几个温度点偏低，运行或充电中达到报警阈值。

故障原因：

1）温度传感器故障。

2）LMU 故障。

3）局部加热片异常。

处理方法：

1）测量温度传感器电阻值与显示值进行比对，若实际值较显示值高且与其他温度值相同，则以实际值为标准对 LMU 温度值进行校准。

2）检查修复加热片。

3）更换 LMU。

（4）温差　参照高、低温排查方法，个别单体蓄电池发热差异大时需更换单体蓄电池。

3. 充电故障

（1）直流充电故障　充电无法起动，充电跳枪，充电结束后 SOC 不复位。

故障原因：

1）蓄电池故障（电压、温度、绝缘等异常）。

2）BMU 故障（充电模块或充电 CAN 异常）。

3）负极、充电接触器异常。

4）CC1 对地电阻、CC2 对地电压异常。

5）PE 地异常。

处理方法：

1）排除蓄电池故障。

2）修复或更换失效部件。

3）截存充电报文，分析故障原因。

（2）交流充电故障　故障原因：

1）蓄电池故障（电压、温度、绝缘等异常）。

2）BMU 故障（充电模块或充电 CAN 异常）。

3）负极、充电接触器异常。

4）CC 对地电阻、CP 对地电压异常。

5）PE 地异常。

处理方法：

1）排除蓄电池故障。

2）修复或更换失效部件。

3）截存充电报文，分析故障原因。

4. 绝缘故障

故障原因：

1）动力蓄电池箱或插件进水。

2）单体蓄电池漏液。

3）环境湿度大，绝缘误报。

4）整车其他高压部件（控制器、压缩机等）绝缘不良。

处理方法：

1）正极对地，如果有电压或绝缘阻值小于规定值，则判定负极电路漏电。

2）负极对地，如果有电压或绝缘阻值小于规定值，则判定正极电路漏电。

根据其漏电电压大小除以此时的单体电压值就可以计算出漏电点位，然后根据不同情况分析处理。

5. 通信故障

LMU 通信故障和 BMU 通信故障：整车只有一个或几个 LMU 信息，或整车没有 BMS 信息。

故障原因：

1）LMU/BMU 故障。

2）LMU/BMU 供电电路或通信电路接触不良 / 故障。

3）信号干扰。

处理方法：

1）更换 LMU/BMU。

2）检查并修复供电电路或通信电路。

3）检查屏蔽线，查找并消除干扰源。

6. SOC 异常

（1）SOC 不准确　若"充电的 SOC"+"剩余的 SOC"较实际显示值有偏差，或者根据 SOC 与开路电压的对应关系估算实际电量与 SOC 不对应，即认为 SOC 不准确。

$$充电电量 \div 标称容量 = 充电的 SOC$$

（2）SOC 不变化　故障原因：

1）通信异常（数据缺失）。

2）电流异常（霍尔及其输入输出电路）。

3）BMU 故障。

4）其他蓄电池报警。

处理方法：

1）确保数据完整。

2）修复或更换失效部件。

3）消除所有蓄电池报警。

（3）SOC 下降快　故障原因：

1）通信周期异常。

2）电流异常（霍尔正向电流大、反馈电流小）。

3）单体电压偏低，下降快。

4）BMU 故障。

5）低温。

处理方法：

1）更新 BMU 程序。

2）修复或更换失效部件。

（4）SOC 下降慢　故障原因：

1）通信周期异常。

182

2）电流异常（霍尔正向电流小、反馈电流大）。

3）BMU 故障。

处理方法：

1）更新 BMU 程序。

2）修复或更换失效部件。

（5）SOC 跳动　确认程序版本号是否正确。

7. 电流异常

故障原因：

1）霍尔传感器及其输入输出电路故障。

2）霍尔传感器装反。

3）直流充电时，BMS 需求电压或电流为 0，充电机按最小输出能力输出。

处理方法：

1）更新 BMU 程序。

2）修复或更换失效部件。

知识拓展

吉利 EV 电动汽车

吉利汽车集团是中国领先的汽车制造商，立志成为最具竞争力和受人尊敬的中国汽车品牌。集团已形成全球化的研发体系，在中国上海、瑞典哥德堡、西班牙巴塞罗那、美国加州、英国考文垂建有五大设计造型中心，在中国杭州、宁波、上海和瑞典哥德堡、英国考文垂建有五大工程研发中心。

2021 年 4 月，吉利汽车集团推出的全新纯电动汽车品牌极氪，快速构建了完整的纯电智能科技生态体系。

吉利汽车集团以"自主突破创新，融合全球智慧，掌握核心技术"为研发理念，实施"产品平台化""安全第一""能源多元化""智能化技术"战略。"吉利战略转型的技术体系创新工程建设"荣获国家科技进步奖二等奖（一等奖空缺）。"吉利轿车安全技术的研发与产业化"荣获中国汽车工业科学技术一等奖。吉利汽车集团获得了 2017 年度浙江省政府质量奖。

2021 年，吉利汽车集团累计销量达 132.8029 万辆，同比增长 3%，连续五年蝉联中国品牌乘用车年度销量冠军。

吉利汽车集团秉承"快乐人生，吉利相伴"的核心价值理念，长期坚持可持续发展战略，通过领先的安全、智能、新能源、车联网及环保健康技术的应用，为用户提供高品质产品和高增值服务，致力于成为中国新能源节能技术引领者，打造具有全球影响力和国际竞争力、受人尊敬的中国汽车品牌，为实现中国汽车强国梦而不懈努力！

动力蓄电池的故障诊断与排除	学习任务单	班级： 姓名：

1. 动力蓄电池的故障划分为几个等级？哪个等级最严重？有哪些严重后果？

2. 交流充电故障的原因有哪些？如何处理？

3. 分析吉利 EV450 汽车动力警告灯亮的可能原因。

【任务实施】 动力蓄电池的故障诊断与排除

实训器材

吉利 EV450 电动汽车、故障诊断仪、常用工具和维修手册等。
工具：绝缘工具套装、万用表、照明灯、三角木、抹布等。
安全防护：安全帽、绝缘手套等。

扫一扫

3-2-2 EV450 动力蓄电池故障诊断与排除

【操作步骤】

一、故障现象

踩制动踏板数次并保持，上电起动后，仪表正常亮，但运行指示"READY"灯不亮，蓄电池指示灯、动力蓄电池故障指示灯（红色）亮，如图 3-64 所示。动力蓄电池主正、主负接触器不动作，高压不上电，且制动踏板高度没有变化。组合仪表上没有其他系统故障灯亮。

图 3-64 仪表显示

二、故障分析

根据 BMS 电路图，结合 BMS 的结构和工作原理可知，BMS 主要由电源电路、通信电路和快充电路等组成，如图 3-65 所示。

项目三 动力蓄电池的性能试验与故障检修

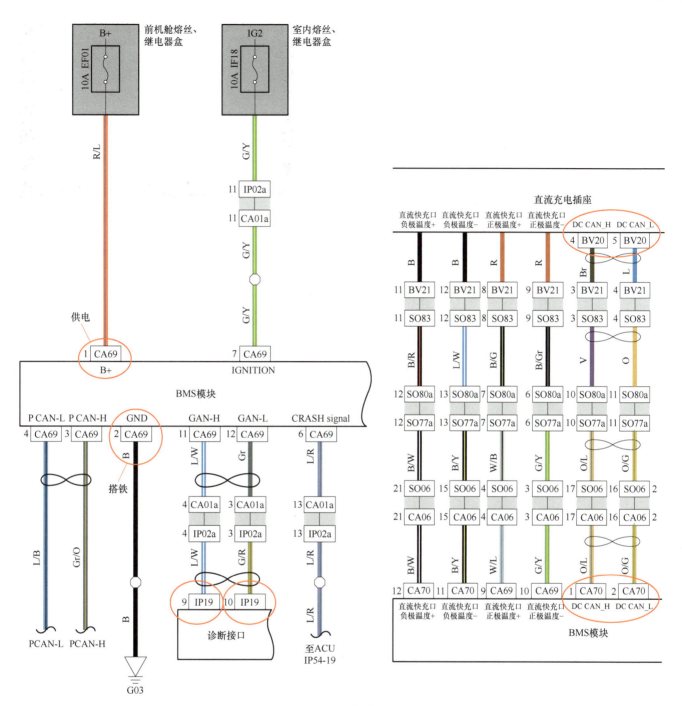

图 3-65 BMS 电路原理图

为了进一步确认及缩小故障部位,利用诊断仪器读取 BMS 模块内故障码和数据流,对故障部位做进一步解析。

1. 读取故障码(DTC)

连接诊断仪器至 OBD 诊断接口后,使用诊断仪器与 BMS 模块进行通信,显示未连接成功。使用诊断仪器与整车控制器(VCU)连接,在 VCU 内部读取到故障码 U011287(与 BMS 通信丢失),如图 3-66 所示。记录当前诊断仪器上的故障码信息,断开连接至车辆的充电设备,通过诊断仪器清除故障码。清除故障码后,将诊断仪器与整车控制器的连接断开。

185

打开起动开关，如果故障现象消失，车辆正常上电，则可能为系统故障码保护，造成整车控制器（VCU）进入功能性保护模式，车辆无法上电。如果车辆不能上电，且现象依旧存在，则通过诊断仪器读取故障码并和先前的故障码进行比对。如果减少，减少的可能为偶发历史故障；如果增加，增加的可能为当前系统关联性故障。

图 3-66　读取故障码

2. 故障码（DTC）分析

读取并确认故障码后，需对故障码设置和产生的条件进行分析。诊断仪器和 BMS 无法通信，但和 VCU 通信正常，且读取到故障码 U011287（与 BMS 通信丢失）。VCU 和 BMS 通过 P-CAN 总线进行通信，要保证它们之间的通信，首先要满足 VCU、BMS 供电正常，其次是 P-CAN 总线连接正常，无虚接、开路、短路等故障，同时两个模块内部元件及 PCB 板电路正常。

根据故障码定义，BMS 模块在起动开关打开时未工作，导致这个故障的可能的原因有：

1）BMS 模块电源供电电路（开路、虚接、短路）故障。

2）BMS 与整车控制器 VCU 之间 P-CAN 总线（开路、虚接、短路）故障。

3）BMS 模块自身故障。

为了进一步确认故障部位，可关闭起动开关，断开辅助蓄电池负极连接 1min 以上，然后复位。踩制动踏板、打开起动开关，如果此时仪表上其他信息没有变化，只是动力蓄电池电量 SOC 信息值丢失，动力蓄电池低电量指示灯（黄色）亮起，即可确认 BMS 的通信 CAN 总线出现异常，导致 BMS 和 VCU 无法通信。蓄电池电量丢失，动力蓄电池故障灯亮。

结合以上现象，对于动力蓄电池及 BMS 控制的外围控制及通信电路来说则为以下的一项或多项造成：

1）BMS 电源电路开路、虚接、短路故障。

2）BMS 的 P-CAN 通信信号电路开路、虚接、短路故障。

若 BMS 电源电路无故障，为了确认是 BMS 自身的故障导致控制模块无法通信，还是由于 CAN 总线系统故障导致控制模块无法通信，可以用示波器测量 BMS 控制模块端的 CAN 总线波形。

3. 电路测试

1）测量 BMS 模块的电源供电电压，BMS 模块的 CA69/1 端子对 CA69/2 端子电压测试，标准值为 12V，其检测结果为 0V，如图 3-67 所示，不正常。

2）测量 BMS 模块 B+ 供电电路输入端对地电压，用万用表测试 BMS CA69/1 端子对地电压，标准值为 +12V，检测结果为 0V，如图 3-68 所示，不正常。

3）测量 BMS 模块 B+ 供电电路熔丝两侧对地电压，用万用表测试 EF01 10A 熔丝两端对地的电压，标准值为 +12V，检测结果为 0V，如图 3-69 所示，不正常，说明熔丝熔断。

图 3-67 BMS 供电电路测量

图 3-68 BMS 模块 B+ 对地电压测量

图 3-69 BMS 模块 B+ 供电电路熔丝两侧对地电压测量

4）为判断熔丝是否正常熔断，需对 CA69/1 和 EF01（10A）间电路对地电阻进行测试。关闭起动开关，拔掉 EF01 熔丝，拔下 CA69 插接器，用万用表测试 CA69/1 与 EF01 之间线束对地的电阻值。测试电阻若小于 2Ω，则电路对地虚接或者短路，导致熔丝烧毁。检修电路后，更换熔丝，故障排除。

4. 诊断结论验证

1）将起动开关置于 OFF（关闭）位置。

2）安装所有诊断时拆下或更换的部件及插接器。

3）将起动开关置于 ON（打开）位置。

4）清除 DTC。

5）关闭起动开关。

6）踩下制动踏板，打开起动开关，车辆仪表显示正常，切换档位进行试车，车辆运行正常，如图 3-70 所示。

图 3-70 车辆仪表显示正常

总结：动力蓄电池无法上电的故障处理流程如图 3-71 所示。

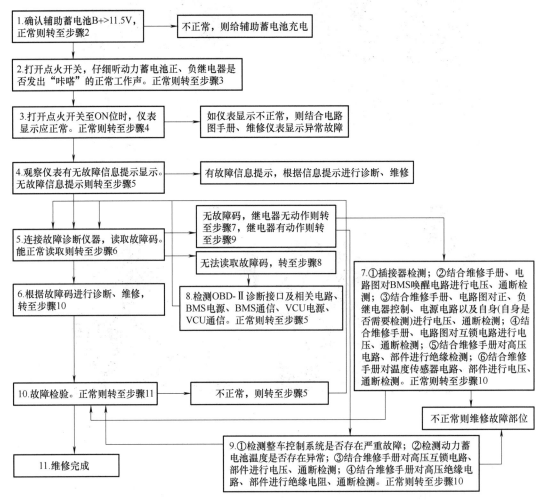

图 3-71　动力蓄电池无法上电的故障处理流程

动力蓄电池的故障诊断与排除	工作任务单	班级：	
		姓名：	
1. 车辆信息记录			
品牌		整车型号		生产日期	
驱动电机型号		蓄电池电量		行驶里程	
车辆识别代号					
2. 作业场地准备			
检查、设置隔离栏				□是　□否
检查、设置安全警示牌				□是　□否
检查灭火器压力、有效期				□是　□否
安装车辆挡块				□是　□否
3. 记录故障现象			

（续）

4. 使用诊断仪读取故障码、数据流

故障码	
数据流	

5. 分析故障现象，缩小故障范围

6. 故障检测

检测对象	检测条件	检测值	标准值	结果判断

7. 故障确认

故障点	故障类型	维修措施

8. 竣工检验

车辆是否正常上电	□是 □否
车辆是否正常切换档位	□是 □否

9. 作业场地恢复

拆卸车内三件套	□是 □否
拆卸翼子板布	□是 □否
将高压警示牌等放至原位置	□是 □否
清洁、整理场地	□是 □否

课证融通考评单		实习日期：
姓名：	班级：	学号：
自评：□熟练 □不熟练	互评：□熟练 □不熟练	师评：□合格 □不合格
日期：	日期：	日期：

动力蓄电池的故障诊断与排除【评分细则】

序号	评分项	得分条件	分值	评分要求	自评	互评	师评
1	安全/7S/态度	□1. 能进行工位 7S 操作 □2. 能进行设备和工具安全检查 □3. 能进行车辆安全防护操作 □4. 能进行三不落地操作	15	未完成1项扣5分，扣分不得超过15分	□熟练 □不熟练	□熟练 □不熟练	□合格 □不合格
2	专业技能能力	□1. 能正确地连接故障诊断仪 □2. 能正确地读取故障码 □3. 能正确地读取数据流 □4. 能进行工具清洁、校准、存放操作	40	未完成1项扣10分	□熟练 □不熟练	□熟练 □不熟练	□合格 □不合格

（续）

序号	评分项	得分条件	分值	评分要求	自评	互评	师评
3	工具及设备的使用能力	□1. 能正确地使用背插针 □2. 能正确地使用万用表 □3. 能正确地使用诊断仪	10	未完成1项扣3分	□熟练 □不熟练	□熟练 □不熟练	□合格 □不合格
4	资料、信息查询能力	□1. 能正确地查询线束插接器端子含义 □2. 能正确地使用维修手册查询资料 □3. 能正确地记录查询资料章节及页码 □4. 能正确地记录所需维修信息	10	未完成1项扣3分，扣分不得超过10分	□熟练 □不熟练	□熟练 □不熟练	□合格 □不合格
5	数据判断和分析能力	□1. 能通过故障现象分析可能的故障原因 □2. 能根据故障码结合数据流判断故障点	20	未完成1项扣10分	□熟练 □不熟练	□熟练 □不熟练	□合格 □不合格
6	表单填写报告的撰写能力	□1. 字迹清晰 □2. 语句通顺 □3. 无错别字 □4. 无涂改 □5. 无抄袭	5	未完成1项扣1分	□熟练 □不熟练	□熟练 □不熟练	□合格 □不合格

总分：
教师签名：

参考文献

[1] 蒋鸣雷. 新能源汽车动力蓄电池结构与检修[M]. 北京：机械工业出版社，2018.
[2] 弋国鹏，魏建平，刘凤良. 电动汽车结构原理及检修[M]. 北京：机械工业出版社，2018.
[3] 张家佩. 新能源汽车动力蓄电池管理及维护技术[M]. 北京：电子工业出版社，2020.
[4] 罗英. 新能源汽车动力蓄电池与能量管理技术[M]. 北京：人民交通出版传媒管理有限公司，2019.
[5] 王玉彪. 新能源汽车动力蓄电池系统与充电系统[M]. 北京：机械工业出版社，2021.
[6] 谭婷，李健平. 新能源汽车蓄电池及管理系统检修[M]. 北京：机械工业出版社，2020.
[7] 全国汽车标准化技术委员会. 电动汽车用动力蓄电池循环寿命要求及试验方法：GB/T 31484—2015[S]. 北京：中国标准出版社，2015.
[8] 全国汽车标准化技术委员会. 电动汽车用动力蓄电池安全要求：GB 38031—2020[S]. 北京：中国标准出版社，2020.